Tea Time
17

Tea Time 17

Cover
タイトル・写真　…………　佐々木信

スリランカは、インド洋に浮かぶ小さな島国です。
「セレンディブ」とは、古代のスリランカの名前で、
アラビアやペルシャの文献で使われていました。
アジアとヨーロッパを結ぶ
重要な海上交易路の交差点にあり、
アラビア、ペルシャ、インド、中国、ヨーロッパなど
様々な国の文化が行き交う場所でした。
また紀元前3世紀にインドから仏教が伝来し、
シンハラ王朝によって仏教が深く信仰されるようになり、
東南アジア全体に仏教文化を広める役割も果たしました。

Discover Ceylon Tea

紅茶の聖地 スリランカ

豊かな資源、特に宝石や香料がヨーロッパ諸国の注目を集め、
貿易品としてさかんに取引されました。
そして、16世紀にはポルトガル、
17世紀から18世紀にかけてはオランダ、
18世紀末から19世紀半ばまでイギリスの植民地となり、
イギリス植民地時代にセイロンと呼ばれるようになりました。
セイロンでは紅茶の生産が大規模に進められ、
品質の高い紅茶として世界で大成功を収め、名声を築いたのです。

セイロンティーとはスリランカで生産された紅茶のこと。
１９４８年、スリランカはセイロンとしてイギリスから独立し、
１９７２年、国名をスリランカ共和国に改称、
１９７８年にスリランカ民主社会主義共和国になりましたが、
紅茶は「セイロンティー」として世界中で楽しまれていたため、
そのままセイロンティーと呼ばれることになったのです。

奇跡の島 スリランカの歴史

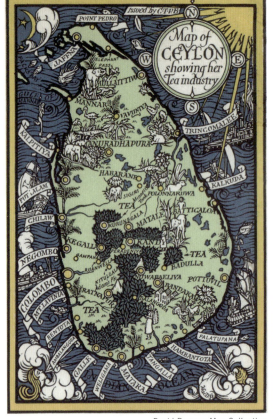

David Rumsey Map Collection

スリランカは、豊かな歴史と文化を持つ国で、古代から近代までさまざまな時代を経て発展してきました。紀元前4世紀に、スリランカの古代王国であるアヌラーダプラが誕生し、仏教が深く根付きました。宗教的な建造物や壮大な遺跡を築き上げ、現在も観光地として多くの旅行客を引きつけています。

壮麗な岩山にある遺跡シーギリヤロックは、スリランカの文化的遺産の象徴で、世界遺産の一つです。また、ポロンナルワやアヌラーダプラといった古代都市は、壮大な仏教遺跡が残る歴史的な観光名所です。キャンディーのダラダ・マリガワ寺院は、仏教徒にとって重要な巡礼地で、仏陀の歯が祀られていることから、文化的にも大きな意味を持っています。

思いがけない幸運　セレンディピティ

「約2000年以上前、冒険好きな王子が島にたどり着きました。透き通るような青い海、太陽が沈むときに黄金色に輝く砂浜は、タンバパンニの黄金の砂と名づけられました」

　スリランカに伝わる伝説に「タンバパンニの黄金の砂」があります。タンバパンニは、紀元前5世紀頃、インドからやってきたシンハラ人の祖であるヴィジャヤ王子が最初に上陸した地とされ、スリランカの北西部、現在のマナー地区付近とされています。

　また、こんな有名な伝説もあります。

「セレンディブに3人の王子が住んでいました。彼らはとても聡明で、好奇心に満ちていました。3人はある日、知識を深める旅に出ます。いくつもの偶然の発見や、予想外の困難な出来事に遭遇しましたが、問題を解決し、思いがけない成功を収めました」

　18世紀に、イギリスの作家で政治家のホレス・ウォルポールがこの「セレンディブの3人の王子」の物語からインスピレーションを得て、「思いがけない幸運な発見」や、「偶然出会った幸運」という意味の「セレンディピティ（serendipity）」という言葉を生み出しました。

セイロンティーの歴史

ポルトガル統治時代
1505-1658

1505
ポルトガル統治時代が始まる。

オランダ統治時代
1658-1796

1658
オランダ統治時代が始まる。

イギリス統治時代
1796-1948

1796
イギリスがオランダからスリランカの支配権を獲得。

1824
ウェールズ出身のジョージ・バードがキャンディー・ガンポラで最初のコーヒー農園を始める。

1825
本格的にコーヒー栽培が始まる。

1835
ジェームス・テーラーがスコットランドに生まれる。

1839
インドのカルカッタ植物園から、**ペラデニア植物園へ初めて茶の木が持ち込まれる。**

1850
トーマス・リプトンがスコットランドに生まれる。イギリスでは、紅茶が貴族社会だけではなく一般にも普及し始める。

1852
テーラーがスリランカのコロンボに到着し、キャンディーへ向かう。

1867
キャンディーのルーラコンデラ茶園で、**テーラーが初めて紅茶の栽培を開始。**

1868
スリランカでのコーヒー生産量が世界一に。

1869
コーヒーの木にサビ病が発生し全滅する。

1876
コーヒー産業の崩壊に伴い、テーラーがスリランカで本格的に紅茶栽培を始める。

1890
リプトンがスリランカにわたり農園を購入。紅茶の大量生産を開始。

1892
ジェームス・テーラーが亡くなる。

1931
トーマス・リプトンが亡くなる。

1948
2月4日にイギリスから自治領として独立。国名が「セイロン」となる。

1972
5月22日に「スリランカ共和国」へと国名を変更。イギリス国王を元首とする体制が終わり、完全な主権国家となる。

1978
国名が「スリランカ民主社会主義共和国」に変更される。

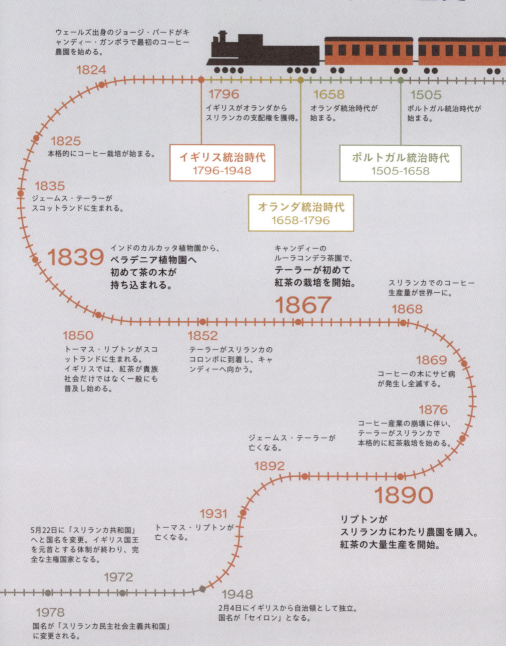

セイロンティーを発展させたふたり

ジェームス・テーラー

1835-1892

セイロンティーの父

スコットランド・キンカーデンシャー地区に生まれる。9歳のときに母を亡くし、さみしい少年時代を過ごす。1851年16歳のとき、セイロン（現在のスリランカ）へ移住し、コーヒーを栽培するロウリナ農園で働きはじめた。32歳のとき、ペラデニア植物園からアッサム種の茶の苗木を受け取り、19エーカーの土地で栽培を開始する。1869年、一大産業であったコーヒーがサビ病で壊滅したその時、テーラーはコーヒーから茶の木の栽培への転換を提案する。テーラーは、茶の木の栽培から製茶方法まで改良を重ね、セイロンティー産業を確立した。1892年、赤痢にかかり57歳で死去。テーラーの墓には「この島における紅茶とキナノキのパイオニア」と記されている。彼の功績により、現在のセイロンティーが世界的に評価される基盤が築かれた。

トーマス・リプトン

1850-1931

世界の紅茶王

スコットランド・グラスゴーに生まれる。両親はアイルランド移民で雑貨店を営み、リプトンは学校に通いながらその店で働き家計を助けた。15歳でアメリカにわたり、商法を学ぶ。19歳で帰国し店を手伝う。1871年に自分の店をもち、10年間で20軒以上に急成長させた。紅茶の需要が増えていたイギリスで、量り売りではなく個包装で売ることを思いつく。また、各地の水に合う紅茶をブレンドし、評判になる。1890年、セイロンにわたり次々と農園を買い、機械も導入して紅茶の大量生産を可能にした。彼自身が生産者になることで、おいしい紅茶をより安く、多くの人々へ届けられるようになった。

「茶園から、直接ティーポットへ」

リプトンにより、セイロンティーが一気に世界に広まった。

セイロンティー Q&A

Q1
スリランカはどんなところ？

A1
スリランカはとにかく年中蒸し暑いところですが、国内にゴルフ場が4か所あり、年中ゴルフができることはゴルフ好きには大変有難いことです。また、スリランカでの一番の楽しみは、世界遺産やリゾート地巡りです。あの小さな島に多くの名所・旧跡また素敵なホテルなどがひしめいていて、訪れるのが毎回とても楽しみです。スリランカ東海岸のトリンコマリー近くにある海のリゾートPasikudaは特に最高でした。

文化的には、仏教への信仰が厚く、毎月ポヤデー（満月祭）にはほとんどの国民が禁酒・禁肉でお寺にお参りに行きますが、今の日本では考えられないことです。

1500年ごろから1950年ごろまでそれぞれ約150年間ずつポルトガル・オランダ・イギリスの植民地となり、長い間苦労をしてきた歴史を持ちますが、人々は楽天的で柔和です。

Q2
世界中にさまざまな紅茶の産地があるなかで、スリランカの紅茶の魅力は？

A2
スリランカは北海道の8割ぐらいの面積しかない小さな国ですが、この中に7つの味と風味を持つ紅茶産地を有することが最大の魅力ではないでしょうか。ハイグロウン・ミドルグロウン・ロウグロウンと称されるおおよその海抜による産地区分の紅茶が、夏場と冬場に吹くモンスーンの影響で異なったクオリティーシーズンの味と香りを醸し出します。世界中で一度にこれだけ多くの味わいを楽しめる国はないと思います。

Q3
日本とセイロンティーの歴史は？

A3
日本への紅茶の輸入は1901年ごろからと言われていますが、当時は主に英国領インドのものが中心でした。1931

秋庭 浩平
あきば・こうへい

日本紅茶協会 専務理事。1961年青森県八戸市生まれ、東北大学経済学部卒、1985年三井物産株式会社入社。以降、食品・食料畑を歩む。国内では本店、名古屋、大阪勤務の他1989年～90年米国（シカゴ）研修員、2003年～05年中国（上海）糧油食品副部長、2009年～12年インド（ニューデリー）食料部長、2017年～20年スリランカ・コロンボ事務所長などを歴任。翌21年三井物産株式会社を定年退職。同年 日本紅茶協会入協。2024年から現職。

年ごろセイロンがインドに次いで輸入の3割を占めるようになり、1936年ごろには全体の8割を占めるようになったとの記録があります。第二次世界大戦中の1939年から1945年の間は紅茶自体が輸入禁止となり日本には入っていません。

テレビ放送が始まった1950年代、日本紅茶（株）がいち早く番組提供でコマーシャルソング「ヒノマルセイロン紅茶の歌」（サトウハチロー作詞、服部良一作曲）を流し商品

を発売したとの記録があります。1952年日本とスリランカの国交が樹立。1971年に紅茶の輸入が自由化され、以後セイロンティーが日本の輸入紅茶の40－50%を占める代表的な紅茶となっています。

Q4 世界ではどのようにセイロンティーが楽しまれていますか？

A4 最近のデータでは、セイロンティーは主に中東諸国及びCIS諸国へ輸出され、飲まれているようです。2023年ではイラクがトップで約3万2千トン、トルコ約3万1千トン、ロシア約2万2千トン、UAE約1万8千トン、リビア約1万1千トンとなっています。特に中東では、見た目が良いロウグロウンの撚《よ》りがある大きなリーフティーを好みます。また茶葉の色もハイグロウンの薄茶色より黒い、濃いめの色を好みます。味については、アルコール飲食が禁止されて

いることもあり、ハイグロウンのフレーバーやアロマは必要なく、たくさん砂糖を入れてもしっかりと味わえる濃い紅茶が好きで、これを大きなポットでつくり小さなグラスで一日何杯も飲みます。このためロウグロウンの紅茶の価格はハイグロウンの紅茶に比べ高い傾向になっています。

因《ちな》みに、日本ではハイグロウンからロウグロウンまで約8千トンが輸入されています。

Q5 **最近の気候変動で、セイロンティーの味や特徴に変化はありますか？**

A5 スリランカでは例年に比べて大きな気候変動が発生しています。これまでの主な二つのモンスーン（北西モンスーンおよび南西モンスーン）に加えて更に別のモンスーン（インターモンスーン）が発生し、降雨パターンが不規則になっています。

この気候変動が茶樹の成長に影響を及ぼし、風味や品質にばらつきが生じています。今年は特に、乾季が断続的な雨によって早く終了したため、ウバ地区のクオリティーシーズンが非常に短くなりました。雨が多く日照時間が少ない気候は、害虫や病気の発生に好条件を与え、生産量が減少するリスクを抱えているため、施肥や農薬散布について適切な対応策が必要となっています。さらに、強い降雨が土壌浸食を引き起こし、生産性が低下する要因となっています。土壌の栄養分が減少することで、長期的な影響が懸念されています。

Q6 **現地に滞在するなかで、魅力を感じたスリランカの紅茶文化を教えてください。**

A6 意外な飲み方というわけではありませんが、スリランカ人は塩味の揚げ物と一緒に紅茶をよく飲んでいます。例えばスナックとしてのフィッシュロール（春巻きを揚げたようなもの）やカトゥレッツ（コロッケのようなもの）。よって同国で人気のあるハイティーでもスイーツだけでなくセイボリー的なものがとても多くて驚かされます。

また、もう一つ驚かされるのは、オフィスワーカーからドライバー、サーバントまでとにかく砂糖や粉ミルクをたくさんいれて紅茶やコーヒーを飲みます。スリランカ人の砂糖の年間消費量は一人当たり約30kgで、日本人のほぼ倍です。ミルクの消費量は不明ですが、砂糖も粉ミルクもほとんどが輸入です。

ただ、砂糖の入った紅茶というのは実はとてもおいしいものなので、ストレートだけでなく紅茶を楽しむ一つの方法としては良いのではと個人的に思っています。

Q7 これからのセイロンティーに期待することは？

A7

「持続可能な調達」　茶農家や生産者の持続可能で倫理的な農業慣行をお願いしたいです。労働条件、環境への影響等に配慮したトレード認証に関する透明性が更に進むことを期待します。

「食品安全基準」　原産国での厳格な食品安全規制の遵守が、製品の品質と消費者の安全を確保するために不可欠です。

「香味品質」　スリランカ茶葉品質に対する最近の世界的なトレンドでは、しっかりとしたコク、力強くフルボディな風味を持つ茶葉が、ライトで明るい水色のハイグロウン系の茶葉よりも、高く評価されている傾向があります。

今後もセイロンティー独特の香り高い品質を期待しています。

スリランカで楽しむ
セイロンティー

スリランカでは、砂糖の入っていないストレートティーはあまり飲まれていません。家庭では砂糖やミルクの入ったミルクティーでティータイムを楽しむことが多く、一歩街に出ると、さまざまなスタイルで紅茶を楽しむことができます。

In the City　街で

街には「キリテー」(スリランカ風ミルクティー)を楽しむスタンドがあります。作りたてのキリテーの表面には口あたりのやわらかなふわふわの泡。紅茶のボディがしっかりとしたミルクティーとスリランカのスナックを。

Diyagala Rest

Address: Hatton Road, Diyagala,Watawala

At a Hotel　ホテルで

ゴール旧市街のアマンリゾートでは、アフタヌーンティーやハイティーが楽しめます。コロニアルな雰囲気のなかで、絶品スコーンや自家製ジャムを。紅茶は約10種類から選べます。

Amangalla

Address: No.10 Church St, Galle 80000
URL: www.aman.com/ja-jp/resorts/amangalla

At a Café　カフェで

コロンボ・フォート地区にあるディルマ社経営のカフェ。シングルオリジンティーやアレンジティー、軽食、スイーツも充実し、リラックスできる空間です。

The t-Lounge

Address: Chatham Street, Dutch Square,Block B, 62/2, Chatham Street,Colombo 1
URL:www.dilmaht-lounge.com/sri-lanka/

At the Tea Origin　産地で

ヌワラエリヤのペドロ茶園では、工場見学や、テイスティング体験もできます。茶畑の絶景を望むカフェもあり、茶摘み体験の後にできたてのヌワラエリヤ紅茶を楽しむことができます。

Pedro Tea Factory

URL: nuwaraeliyainfo.com/things-to-do/pedro-tea-estate

セイロンティーの7大産地

**セイロンティーの
ライオンマーク**

セイロンティーのライオンマークのロゴは、スリランカで生産された紅茶で、スリランカ国内で梱包されたパッケージだけにつけられます。現在、世界100カ国以上で登録商標されています。

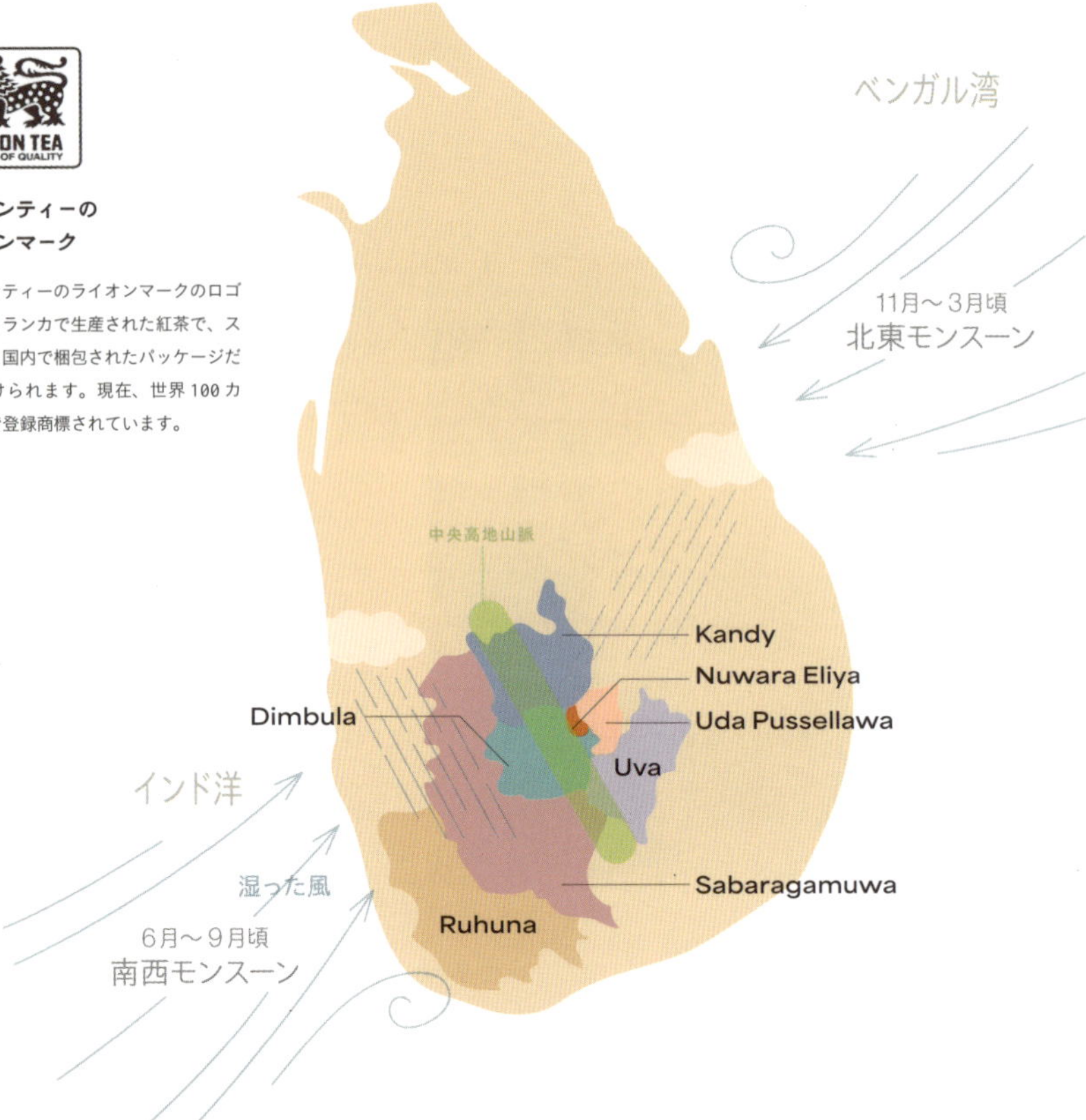

セイロンティーの魅力は、ひとことで言うと「多様性」。島の中央から南にかけて広がる7つの産地では、気候や地形の違いにより、さまざまな風味の紅茶が生まれます。年に2回のモンスーンによる雨季と乾季の変化が、地域ごとの紅茶の味わいに大きな影響を与え、クオリティーシーズンと呼ばれる時期には特においしい紅茶が収穫されます。

例えば、ディンブラはさわやかでキレのある味わい、ヌワラエリヤは、若々しくフルーティーな香りと繊細な風味、ウバのクオリティーシーズンは、メントールのようなさわやかさが際立ち、世界3大紅茶の一つとして広く知られています。

Nuwara Eliya

黄金色で繊細な香り

ヌワラエリヤは、標高1800メートル以上の高地に位置します。スリランカの7大紅茶産地の中で最も標高が高く、その冷涼な気候は紅茶栽培に最適で、寒暖差が大きく、紅茶の香りと風味を引き立てます。

1818年にイギリス人探検家によって発見されたこの地域は、総督エドワード・バーンズ卿によってリゾート地として開発され、セイロンからの避暑地として知られるようになりました。19世紀後半、コーヒー産業が壊滅的な打撃を受けたあとに、この冷涼な気候を活かした紅茶栽培が始まりました。1875年には、ヌワラエリヤで最初の茶園が誕生し、そののち、世界で有名な紅茶産地へと発展していきます。ヌワラエリヤの紅茶は、淡い黄金色の水色《すいしょく》と、レモンなどの柑橘のような香り、フローラルな香りも特徴です。特にオレンジペコー（OP）やブロークンオレンジペコー（BOP）が人気で、軽やかな風味とほのかな甘みが楽しめます。世界中の紅茶愛好家から高い評価を受けていて、ストレートティーとしてもアイスティーとしてもおいしくいただけます。ヌワラエリヤの冷涼な気候と標高が生む特有の味わいは、紅茶の品質の高さを保証し、今でもセイロンティーの中で特に人気のある産地の一つとなっています。

ペドロ茶園にて。

ヌワラエリヤ紅茶を生産している茶園

ペドロ茶園（Pedro Estate）

コートロッジ茶園（Court Lodge Estate）

コンコルディア茶園（Concordia Estate）

Uda Pussellawa

繊細な味わいと絶妙な香り

ウダプッセラワは、スリランカの中央高地山脈の東に位置し、キャンディー地区とウバ地区の間に挟まれた地域です。山々が連なり、ヒョウや希少な動植物が生息する自然豊かな場所としても知られていますが、人口は少なく、大きな町はありません。ウダプッセラワ地域にはデルマ茶園、ラガラ茶園、マトゥラタ茶園などがあり、それぞれが微妙に異なる気候条件で、紅茶の風味にも影響を与えています。

また、ヌワラエリヤに隣接していることから、味や風味が比較されますが、ウダプッセラワはヌワラエリヤより濃い水色で、しっかりした味わいが特徴です。特に冬の寒さにより、バラのような花の香りを生み出すともいわれ、ミディアムボディで、繊細な風味が際立ちます。降雨量の多い時期には、濃厚で深い風味を持つ紅茶が収穫されます。

ウダプッセラワでは、11月から1月にかけての北東モンスーンと、6月から9月の南西モンスーンの影響を受けるため、年間に2度の「クオリティーシーズン」が訪れます。この期間に収穫される紅茶は特に高品質となります。ウダプッセラワは、スリランカの他の産地に比べて規模は小さいのですが、その独特な気候条件が生み出す紅茶の風味は繊細な味わいと絶妙な香りとなっています。

ウダプッセラワの風景と、テイスティング中の紅茶。

ウダプッセラワ紅茶を生産している茶園

デルマ茶園（Delmar Estate）

ラガラ茶園（Ragala Estate）

マトゥラタ茶園（Maturata Estate）

Uva

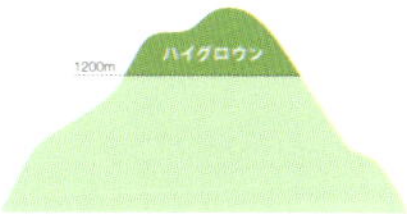

メントールのような香りとなめらかな味

ウバはスリランカの中でも最も行きにくい場所にある紅茶産地です。州都バドゥッラへは険しい山道を越える必要があり、この地理的な条件は、ウバに特有の風味を与える要因の一つになっています。

7月から9月にかけての「クオリティーシーズン」には、南西モンスーンの影響で、乾燥した涼しい風が吹き、最も良質な茶葉が収穫されます。

この独特な風味は、風通しの良い山岳地帯と乾燥した気候が生み出すものであり、クオリティーシーズンのウバは、メントールのような清涼感のある香りと、なめらかな口当たりが特徴で、ストレートティーとしてもミルクティーとしても楽しむことができます。

一度味わうと他の紅茶との違いがはっきりと感じられます。

ウバは19世紀のプランテーション事業の発展に伴い、スリランカを代表する紅茶として知られるようになりました。トーマス・リプトンがウバをアメリカ市場に広めたことで、その知名度が一気に高まりました。

ウバはバドゥッラを中心に、紅茶生産が今も盛んに行われており、その品質はインドのダージリン、中国のキームンと並び「世界3大紅茶」として世界的にも高く評価されています。

崖の上に建つリプトンズ・シートにて。

ウバ紅茶を生産している茶園

ウバハイランズ茶園（Uva Highlands Estate）

セントジェームス茶園（St. James Estate）

エイスラビー茶園（Aislaby Estate）

Dimbula

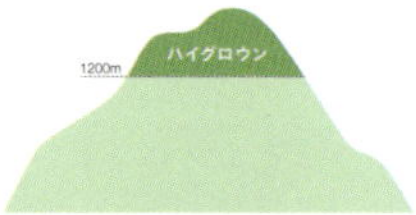

さわやかでコクがあり、まろやか

ディンブラはスリランカの中央高地山脈に位置する紅茶産地で、標高1250メートル以上の高地で栽培されています。1870年代に茶栽培が始まり、ディンブラはセイロンティーの主要な産地の一つとして発展しました。

ディンブラという名前は地域の中央にある谷の名前に由来していて、ボガワンタラワ、ディコヤ、コタガラ、マスケリヤといった地区が周囲に広がっています。その複雑な地形と気候によって、ディンブラ紅茶は風味豊かになります。ヒノキのようなウッディーさや、ジャスミンのような香りを感じることができ、水色はオレンジ~黄金色、味はさわやかでコクがあり、まろやかさとキレもあるのが特徴です。ミルクティーやアイスティーに適していて、豊かな風味が引き立ちます。

ディンブラ地域の茶園は西向きで、6月から9月にかけて南西モンスーンの影響を受けるため、乾燥した涼しい季節に最も良質な茶葉が収穫されます。特に3月から4月にかけては、風味が凝縮し品質が高くなります。

ディンブラは、紅茶初心者からも愛好家からも人気があり、セイロンティーの中でも、最も安定した品質の紅茶を生産する地域として、世界中で高い評価を得ています。

街の看板と、Dunkeld Bungalow での茶摘み。

ディンブラ紅茶を生産している茶園

グレートウェスタン茶園（Great Western Estate）

セントクレア茶園（St. Clair Estate）

サマーセット茶園（Somerset Estate）

Kandy

標高で風味が変わる、豊かな味

　1852年にジェームス・テーラーがこの地に到着し、ルーラコンデラ茶園で紅茶の栽培を開始したことから、キャンディーはセイロンティーの発祥の地となりました。1852年にカンディアンに到着して以来、彼がこの地を離れたのは、インド・ダージリンを訪れて茶の栽培を学んだときだけで、死後もキャンディーの丘陵に埋葬されました。

　キャンディーの紅茶は、その地域の標高や地形によって風味が大きく異なりますが、全体的に適度に濃厚でコクがあり、飲みやすいフルボディの紅茶です。

　南西モンスーンの影響を受け、涼しく乾燥した季節には最高品質の茶葉が収穫されます。特に一年の最初の四半期が最も良いシーズンとされています。また、キャンディーはスリランカの文化的中心地でもあり、仏陀の歯が祀られたダラダ・マリガワ寺院（仏歯寺）や、シンハラ王国の遺産が数多く残されています。かつてはシンハラ王国の最後の砦として、300年以上にわたり外国の侵略を防いできた歴史があり、その伝統は今も息づいています。

　スリランカの紅茶栽培がキャンディーから始まり、世界中に広がって、セイロンティーの歴史にとって重要な役割を果たしました。

キャンディーのシンボル、仏歯寺と茶園。

キャンディー紅茶を生産している茶園

クイーンズベリー茶園（Queensberry Estate）
サニーサイド茶園（Sunnyside Estate）
クレイグヘッド茶園（Craighead Estate）

Sabaragamuwa

キャラメルのような甘い香り

　サバラガムワは、スリランカの南西部に位置する広大な紅茶産地です。古代から宝石の産地としても有名で、ラトナプラを中心に、サファイアやルビー、アクアマリン、ムーンストーンといった宝石が採掘されていて、ムーア人の商人が訪れていたという歴史があります。

　サバラガムワ紅茶は、標高が低い、海抜0～610メートルの間で栽培されています。2000年代まではルフナの一部でした。茶の木の成長は早く、葉が大きくなるのが特徴です。紅茶の茶葉は赤みがかっていて、水色は赤みがかった濃い銅色が特徴です。キャラメルのような甘い香りで、濃厚で豊かな味わいを楽しむことができます。

　サバラガムワは、シンハラージャ森林保護区やアダムズピークの荒野に囲まれていますが、その影響でこの独自の風味が生まれます。20世紀に入ってから、特に中東や旧ソ連の市場でロウグロウン紅茶が人気を博しました。

　渋みは少なく、ストレートティーとしてもミルクティーとしても楽しむことができ、その豊かな香りとコクが多くの紅茶愛好家に支持されています。サバラガムワは、自然の豊かさと文化的な背景が融合したもので、その高い品質と独特の風味は、今、世界中で評価されています。

セシリヤン茶園にて。

サバラガムワ紅茶を生産している茶園

セシリヤン茶園 (Ceciliyan Estate)

ボガワンタラワ茶園 (Bogawantalawa Estate)

ギリマレ茶園 (Gillimale Estate)

Ruhuna

ユニークでおだやかな風味

ルフナはスリランカの南部に位置する紅茶産地です。古代シンハラ王国の英雄ドゥトゥゲムヌが育った地域としても知られていて、歴史的遺産も数多く残されています。

1900年代初頭に紅茶栽培が始まり、イギリス植民地時代以降、ルフナの紅茶産業は発展しますが、特に1970年代に中東市場での需要拡大により大きく発展しました。そして現在、スリランカの主要な紅茶生産地域のひとつであり、サバラガムワとルフナでセイロンティーの生産量の60%を占めています。

ルフナ紅茶は標高600メートル以下の低地で栽培されています。赤みがかった茶色の水色と、キャラメルのような甘い香りが特徴で、濃厚で風味豊かな紅茶としてとても人気があります。

シンハラージャ森林保護区の南端に位置するこの地域では、アッサム種を中心に、特徴的な品種を生産しています。成長の早い茶樹が大きな葉を生み出し、ルフナの工場では、その貴重なティップ（先端の新芽の部分）を含む、さまざまなスタイルとサイズの葉を生産しています。そのことにより、豊かな風味の紅茶ができあがります。

ストレートでもミルクティーでも楽しめるほか、アイスティーとしても人気があります。

海岸沿いにあり、一年中真夏の暑さ。

ルフナ紅茶を生産している茶園

ルンビニ茶園（Lumbini Estate）

ヒンガルゴダ茶園（Hingalgoda Estate）

ニューデニヤヤ茶園（New Deniyaya Estate）

ティーテイスティングで知る

セイロンティー7大産地の香りと味わい

MITSUTEA

横浜・石川町にあるセイロンティー専門店「MITSUTEA」が
スリランカのティーテイスティングルームのような空間にリニューアル！
ティーテイスティング体験をしてきました。

ティーテイスティングでは、7大産地の紅茶をずらりと並べて香りと味わいを比べるので、産地ごとの違いがよく分かり、自分の好みの紅茶を見つけることができます。

――なぜティーテイスティングルームを作ろうと思ったのですか？

スリランカでは、紅茶の製造過程やバイヤーが紅茶を選定する場でティーテイスティングが行なわれるのですが、スリランカの茶園ツアーでお客さまをご案内すると、誰もが現地のティーテイスティングルームに魅了されるんですよね。その経験から、試飲だけではなく香りや味の違いを自分の舌でしっかり感じ取れる、ティーテイスティングルームを作りたいと思うようになりました。紅茶を購入するだけの場所ではなく、「自分の好みにぴったりな紅茶を見つける楽しさ」を体験していただける場所にしたいと考えたんです。

白を基調にした明るい店内。もちろん茶葉の購入だけでもOK！

――こだわったところは？

ティーテイスティングルームの設計には、スリランカの雰囲気を再現したいというこだわりがありました。店内は白を基調に、中央には大きなカウンターを配置しています。このカウンターの引き出しのデザイン、実は現地そのままのイメージを取り入れているんです。現地では、この引き出しの中にテイスティングで使う茶葉が入っているんですよ！

細部までこだわったカウンター。小さな箱は実際に現地でサンプル茶葉の流通に使われているもの。

――どんな体験ができますか？

一般的なティーテイスティングでは紅茶を鑑定するために、紅茶は飲まずに口に含んで出しますが、MITSUTEAでは好みの紅茶を見つけていただくために、各茶葉の量や蒸らし時間にこだわって抽出し、おいしく飲んでいただくスタイルです。スタッフが7大産地の特徴を説明しながら、いれ方のポイントもお伝えしますので、ご自宅でもおいしい紅茶を楽しんでいただけますよ！

テイスティングを体験してみました！

MITSUTEA のティーテイスティングで体験できるプロセスをご紹介します。

1　**茶葉を計る**
それぞれの茶葉に適した分量を、スケールを使ってはかります。

2　**茶葉をカップに入れる**
ティーテイスティング専用カップを使用します。

3　**茶葉を蒸らす**
茶葉ごとに蒸らし時間は異なるため、タイマーを使います。

4　**茶葉を見比べる**
産地ごとに茶葉の形も香りも異なります。

5　**茶こしを使いカップに注ぐ**
蒸らし終わった順に、手早くボウルに紅茶を注いでいきます。

6　**茶殻の香りチェック**
テイスティングカップの中の茶殻の香りを楽しみます。

MITSUTEA

横浜・石川町にあるスリランカの紅茶専門店。2024年、店舗内に「スリランカのティーテイスティングルーム」を新設（ティーテイスティングは要予約）、セイロンティーのすべてを網羅した書籍『ALL ABOUT CEYLON TEA 聖なる島・スリランカからの贈り物　セイロンティー、おいしさの秘密―』（ティータイム）を出版。
https://www.mitsutea.com/

一律の条件で濃くいれて紅茶を鑑定する
プロのテイスティングとは異なり、
実際に飲んでおいしい紅茶なのが
MITSUTEA のこだわりポイント！

9　紅茶をカップに移す
テイスティングスプーンでボウルからカップに紅茶を移します。

8　茶殻と水色を見比べる
茶殻と水色を一列に並べて、香りや色の違いをチェックします。

7　茶殻を蓋の上にのせる
茶殻の形をチェック。茶殻は「紅茶の鏡」とも言われるそう！

10　紅茶を味わう
味わいや香りは、飲み比べると違いがよくわかります。

〈編集部が体験した感想〉

茶殻の香りと実際に飲んだ時の味わいの違いがおもしろく、楽しい体験になりました。飲み比べることで、それぞれの紅茶の違いがはっきりわかり、自分の好みも発見できました。家で紅茶をおいしくいれるポイントなども教えてもらえるので、セイロンティーに興味のある初心者はもちろん、もっとおいしい紅茶をいれたい！ という方にもぴったりです。ティーテイスティングは予約が必要です（詳しくはMITSUTEAのホームページを参照）。ひとりまたはふたりでシェアしながら楽しめます。

東京でおいしい
セイロンティーが
楽しめるお店

東京にある紅茶専門店やスリランカ料理店など、本格的なセイロンティーが楽しめるお店を厳選してご紹介。

SERENDIB
Sri Lankan restaurant and bar

01

浅草・蔵前エリアのスリランカカレーを中心とした本場スリランカ料理の人気店。日本の旬の野菜とスリランカスパイスのマリアージュが楽しめる。ヘルシーなスリランカ料理の後には、こだわりのオリジナルブレンドのセイロンティー「BOOST」もしくは「SENSE」を。

SERENDIB Sri Lankan restaurant and bar（セレンディップ　スリランカレストランアンドバー）
東京都台東区寿3-8-3 1F
03-6231-7325

Tea House TAKANO

02

1974年、東京で最初にオープンした紅茶専門店。2024年10月1日に開店50周年を迎え、現在、50周年記念特別記念冊子を配布中。オーナーの高野健次さんが厳選した直輸入の茶葉やスコーン、ババロア、サンドイッチなどが楽しめる、紅茶好きならぜひ訪れてほしい名店。

Tea House TAKANO
（ティーハウスタカノ）
東京都千代田区神田神保町1-3
地下1F
03-3295-9048

BANDARA LANKA

03

新宿区の閑静な住宅街にあるスリランカ料理とセイロンティーの店。古いお城のような外観に高い天井、水槽には錦鯉が優雅に泳いでいる。紅茶はもちろん、チキンビリヤニやスリランカカレーも絶品。ギャラリーも併設され、リラックスできる心地良い空間。

BANDARA LANKA
（バンダラランカ）
東京都新宿区大京町12-9
03-6883-9607

Sri Lanka Tea Room CEYLON DROP

04

水道橋、神保町、九段下の各駅からほど近い場所にあるセイロンティー専門のティールーム。スリランカから直輸入した新鮮なセイロンティーが楽しめる。ランチタイム、ティータイム、ディナータイムとそれぞれの時間に合わせた本格的なスリランカ料理やスイーツを提供。

Sri Lanka Tea Room CEYLON DROP
（スリランカ ティールーム セイロンドロップ）
東京都千代田区西神田2-8-9
立川Aビル 1F
03-3261-2791

風舎 by FUSHATHÉ

05

ティーマスター野澤三千代さんが厳選し、スリランカから直輸入したセイロンティーと、手作りの焼菓子をゆっくり楽しめるお店。店内には茶葉をアップサイクルした内装材〝TEA BOARD〟を使用。紅茶に包まれた店舗デザインは建築家の田所真氏と石井卓也氏が担当。

風舎 by FUSHATHÉ
（フウシャバイフウシャテ）
東京都調布市布田1-34-2
042-444-5733

kunitachi tea house

06

JR国立駅南口より徒歩6分ほどにある紅茶とガレットの専門店。2023年「笑顔が生まれる食卓を」をスローガンにオリジナルブランド「BELIC」を設立。ハイクオリティーなセイロンティーやフレーバードティー、体と心に優しい食事が楽しめる人気店。

kunitachi tea house
（クニタチティーハウス）
東京都国立市中1-14-1 1F
042-505-5312

Special Report

Lanka London

フレンチパティスリーと
セイロンティーを味わう特別なひととき。

文・写真　濱口ゆり子

ロンドンの地下鉄フィンチリー・ロード駅から徒歩2分の場所に佇む、フレンチパティスリーとセイロンティーのお店、Lanka（ランカ）。経営を担うのは、ミシュランレストランで研鑽を積んだフレンチ料理人の羽良《はら》正幸さんと、パートナーでセイロンティー関連の事業を担当する羽良美奈さん。二〇一〇年に1号店をプリムローズ・ヒルで、二〇一二年に2号店をフィンチリー・ロードで開店した後、両者を統合して現在に至ります。

ランカで扱うセイロンティーは、スリランカのEuphorium Tea Salon（ユーフォリアム・ティーサロン）が厳選して提供しているもの。料理フェアの仕事のため二人で訪れたスリランカのコロンボで築いた人脈がきっかけとなり、ティーサロンとの取引につながったのだそうです。

お茶の中で圧倒的な人気を誇るのが、グリーンティー・ジャスミン。セイロンティーは紅茶の印象が強いですが、スリランカでは緑茶も生産されています。緑茶といっても日本茶とは製法が異なり、渋みがなくフルーティーさを感じさせるのが特徴で、芳醇なジャスミンの香りと融合することで、まさに至福の味わい。

もちろん紅茶も人気で、一番人気はロイヤル・ディライト。セイロンティーとリンゴ、ブドウ、野イチゴのブレンドに、マリーゴールド、ブルーマロウ、バラの花びらが加わった、華やかな逸品です。

アールグレイやピーチ、イングリッシュブレックファストなど、ほかにも人気のブレンドを挙げるときりがありませんが、どれも上質なセイロンティーが土台にあるからこそ、茶葉その

紅茶の中で一番人気のロイヤル・ディライト。

厳選されたセイロンティーが棚に並びます。

濱口ゆり子
はまぐち・ゆりこ

ロンドン生まれ、横浜育ち。元々紅茶は日常的に飲んでいたが、仕事のためイギリスに引っ越したことをきっかけに改めて紅茶の世界の奥深さに魅了される。紅茶を軸に、イギリス暮らしにまつわるいろいろな発見を楽しんでいる。『TeaTime』編集部員。

もののおいしさが最大の魅力として引き立てられたブレンドとなっています。

ランカのもう一つの魅力は、フレンチをベースにイギリスと日本の要素も取り入れた羽良シェフならではのケーキ。季節限定メニューを含めて年間約60種類ものケーキが店頭に並びます。今回の取材では欲張って4種類のケーキをいただいてしまいました。セイロンティーを使用したアールグレイクレームブリュレは、紅茶とベルガモットの上品な香りが口いっぱいに広がり、舌触りの滑らかさも完璧で、クレームブリュレの概念を更新するおいしさ。グリーンティーパンナコッタは、抹茶とクリームが融合したまろやかな甘さとあずきのアクセントが絶妙なバランス。クイニーアマンは、ラズベリーとパイナップルの2種類で、甘酸っぱいジャムとサクサクの生地の組み合わせが最高！

一流のものを提供するというプライドを持って羽良ご夫妻とスタッフの皆さんが築き上げてきたランカ。一度訪れれば、きっとまた何度でも訪問したくなるはずです。

羽良シェフのケーキを求めて、お客さんがひっきりなしに訪れていました。

店頭では、ジャムと焼き菓子も販売。

Lanka

住所：9 Goldhurst Terrace, London NW6 3HX
電話：+44 20 7625 3366
最新の営業時間はお店のホームページ等をご確認ください。

TEA PEOPLE
紅茶な人々
no.13

清水　一
しみず・はじめ

1956年12月12日生まれ。慶應義塾大学法学部法律学科卒業。大手スーパーに入社後、鎌倉のホテルのオープンを手がけ、1996年、青山にセイロンティー専門店・青山ティーファクトリーをオープン。青山にて20年営業後、目黒区・大岡山に移転。その半年後に、神保町に移転。

スリランカ好きが集まる
セイロンティー専門店！

セイロンティー専門店
青山ティーファクトリー

清水　一さん を訪ねました

イラスト・石田愛実

1　紅茶との出会い

——自己紹介をお願いします。

大学卒業後、流通業界の営業職としてバリバリ働いていました。成績も良く、仕事に充実感を感じていましたが、ふとしたご縁で鎌倉のリゾートホテルの責任者として転職することになったんです。

ホテルがオープンした後、紅茶のプロフェッショナルであるディンブラの磯淵猛さんが紅茶をプレゼンしに来てくださり、それがきっかけで紅茶の世界に一歩足を踏み入れることになりました。

当時、日本では紅茶ブームが起きていたものの、コーヒーに比べて価格は高いし、紅茶を飲む際にもマナーや作法といったものがつきまとっていて、一般の人にとってハードルが高いものでした。

ホテルで仕事をしながら、「紅茶を日常の中で、気軽に楽しんでもらいたい」という思

丁寧に茶葉の説明をしてくれる、グレンティルト茶園のマネージャー。

いを強く持つようになっていきました。それが私の紅茶に対する考え方の原点となっています。

2 茶葉の買付けは直感で

——本格的に紅茶をはじめたのはいつですか。

ある日、磯淵さんから「スリランカツアーがあるけど、行かない」って電話がかかってきましてね、それで「はい。行きます」と即答しました。

スリランカへ向かう空港で「社長によく休暇をもらえたね」と聞かれましたが、「いいえ、辞めてきました」と（笑）。

紅茶の品質に対するこだわりは、そのときからすでにありました。それはスリランカでの茶葉の買付けにも反映されています。

今の買付け方は、事前に現地のマネージャーやスタッフと連絡を取り合って、茶園に到着したらすぐにテイスティングができるよう準備を整えてもらっています。そして、車で次々と茶園を巡ります。効率的に茶葉を選びたいので、このようなスムーズな流れを作ってもらうことがとても重要なんです。場合によっては、工場見学はせずに、テイスティングルームにしか入らず、5分で出てしまうこともあります。

茶葉を選ぶ際に重要なポイントとしているのは「直感」です。以前、ある茶園で特に品質の良いディンブラに出会って、日本で大きな成功を収めたこともありました。

産地に行く理由は、いいお茶と出会うため。今回はいいものがなかったとしても、来年はいいかもしれない、だから、毎年スリランカに行って、産地で茶葉を選んでいます。茶園の人々との関係はとても大切です。

テイスティングして、買付けをして、交流しながら文化や風土も理解していくことで、より深く紅茶の知識も得られるようになると思うんです。

Great Wester

上／グレートウェスタン茶園にてテイスティング。最初は、ピンとくるものがなかったものの、訪問日に製茶したものを後からテイスティングすると、素晴らしい茶葉が見つかった。 下／テイスティング台の向こうには、広大な茶畑が広がる。

3 青山ティーファクトリーをオープン

――実店舗を外苑前にした理由は。

１９９５年に紅茶のお店を開こうと決意し、家内と相談して場所は青山周辺にしようと決めました。外苑前で下見をした日、ちょうどラグビーの早慶戦の週末で、すごい人出で、「これは土日も集客できる」と感じて、すぐに決めました。流通業界での経験から、1店舗くらいなら自分でも運営できるという自信があったんですね。

オープンにあたっては、まずは店の紅茶を気軽に試してもらいたいという考えから、オープン記念に「紅茶1杯無料券」を近所の会社や銀行、集合住宅に配布しました。

開店に向けて、フロムエーに求人を出しました。そうしたら、２００人以上も応募が来たんですよ（笑）。紅茶ブームだったから、予想よりもたくさん。全員面接しました。

――２００人はすごいですね。

はい（笑）。

１９９６年に店をオープン、そうしたら、近所の商社や音楽レーベル、自動車メーカーなど、さまざまな業種の方が来店してくださって、特に女性のお客さんが多くいらっしゃいました。

でも、店を始めてみると、朝から夜遅くまで働かなくてはならず、また、1・6ｔの茶葉を運ぶなどの力仕事も多く、仕事が終わった後は手も足も筋肉痛がすごいんです。時間的にも体力的にもまいりました。

私がとにかくこだわったのは気軽さです。紅茶専門店というと、高級で格式ばったイメージが強く、はじめて来店する人は「ハードルが高い」と感じることが多いですよね。私の店では、そのような雰囲気を感じさせないよう工夫しています。紅茶初心者には、スタ

現地で親しまれている、コラカンダという薬草のおかゆ。小豆のコラカンダは青臭みもなく、甘くておいしい。

ッフが丁寧に説明して「紅茶は難しい」と感じさせない接客を心がけているんです。

紅茶の最大の魅力は、何につけてもその多様性だと思います。紅茶は究極の嗜好品だから、人によって好みが違うし、同じお茶だからといって、誰でも同じ味わいとして感じるわけではない。紅茶を楽しむためには、自分が好きだなと思うお茶を見つけることが重要なんです。

どの茶葉がその人の好みに合っているのかを、お話ししながら聞き出して、その人に合った茶葉を提供することを心がけています。常連のお客さんに対しては、私自身がその人のために特別に選んだ茶葉を提案することもよくあります。また、そんな紅茶をスリランカの茶園で探すのも、買付けの楽しみの一つなんです。

――どんな茶葉が人気ですか？

ディンブラが特に人気ですね。「紅茶」というものをはじめて気にし出した人にとって、非常に入りやすい紅茶ですので、入門茶として最適です。また、紅茶のことをよくご存知の方にも、ディンブラは不動の人気があります。

4 紅茶業界の現状と課題

――紅茶業界で課題と思われることは？

紅茶が一般に普及しない理由について、問題点は主に三つあると思っているんです。

一つ目は、お店が高品質という紅茶は、価格が高くなる傾向にあります。緑茶もそうだとは思いますが、日常的に楽しめる飲み物ではなくなってしまう価格のものもあります。クオリティーが高いとか、希少価値があるとか、そこばかりに注目してしまうと、日常生活から紅茶が遠い存在になってしまいます。しかし、安くてもおいしい紅茶は、産地で真剣に探せば、いくらでもあるんです。

キャンディーのダートリーバレー茶園でテイスティング。

二つ目は、紅茶の作法が難しいと思われていること。一般の人にとって、紅茶はいれ方や作法が難しいというイメージが強いと感じています。紅茶業界が「専門的すぎる」ことが、紅茶の普及を妨げている一因ではないかなと感じています。

三つ目は、紅茶には、渋みや苦味、香り、うまみなど、複雑な味わいがあるために、一杯飲んだだけでは、その魅力がわかりにくく、伝えにくいのかもしれません。でも、そのお茶を飲んで、その方の好みに合うか合わないかだけなんです。

だからこそ、紅茶をもっと気軽に楽しんでもらいたい。紅茶は特別な道具や知識がなくても簡単に楽しめるものですし、フードとのマリアージュは、より紅茶を楽しんでいただくための、究極の手段です。

——清水さんにとっての紅茶の魅力とは。

「飲むたびに新しい発見があること」です。新しい茶葉、新しいいれ方、新しいシーン。紅茶はそのすべてにおいて無限の可能性を秘めています。

5 紅茶の楽しみかた

私が目指すのは、紅茶を通して豊かな日常を提供することです。だって、こうやってお茶を飲みながらゆっくり話したり、考えたりするティータイムは素敵な時間ですよね。残念なことに世界では今戦争も起こっていますが、まあ一杯お茶でも、と人々が集まり、リラックスしながら語り合うのはとても大事。だから、私の紅茶に対する情熱とこだわりは、純粋にビジネスを超えたものなんです。

紅茶業界の課題に真剣に向き合い、紅茶そのものの魅力を伝えることが、私の使命だと感じています。紅茶をもっと気軽に楽しめる文化を日本でも広めるために、直感を信じて、まだまだ挑戦を続けたいと思っているんです。

TEA PEOPLE

紅茶な人々

no.14

DAVID KAWAMURA

ディヴィッド・カワムラ

株式会社 MLESNA TEA JAPAN 代表取締役。1985年、25歳で最初の会社（商社）を起業、1989年、ムレスナティーのアンスレム氏と出会い、紅茶の世界へと進む。1990年、日本のムレスナティー総代理店となる。1998年、兵庫県西宮に初のティーサロン「ムレスナティーハウス」を開業。1999年 京都府三条通に「ムレスナティーハウス京都」開業。2003年、キューブボックスシリーズを発売開始。

フレーバードティー界のエンターテイナー！

MLESNA TEA JAPAN

ディヴィッド・カワムラさんを訪ねました

イラスト・石田愛実

1 雑貨の輸入から紅茶の道へ

――ご出身はどちらですか？

兵庫県西宮市だから、このお店（ムレスナティーハウス総本店）の辺りです。ディヴィッドという名前は、スリランカに何十回も通ってるうちにそう呼ばれたから。子ども時代は異端児で。周りと考え方が全然違って、友達もいなかったなぁ。

――その頃から紅茶を？

よく聞かれるんですが、僕は貧乏人の息子でね、家にあったのはインスタントコーヒーだけ。紅茶を買う余裕なんてなかった。25歳で初めて紅茶に出会って、そこからどっぷりハマってしまった。

僕は人の会社で働いたことが一度もなくてね。元々、ロンドンやフランスの雑貨が好きで、それを輸入したくて自分で会社を立ち上げたんです。

ムレスナティーの赤缶と。

——最初から紅茶を扱っていたわけではなかったんですね。

そう。最初はカップや雑貨を輸入してた。35年くらい前のことだけど、ウェッジウッドなんかもデパートにあまり置いてなかったから、並行輸入してね。そんな時にふと「このカップには何入れたらいいんや？」って思ってね。ちょうどそこで、知人がスリランカから持ってきたムレスナティーを見せてくれて、これいいじゃないって。でも、紅茶は売れませんでした。だからコンサートや演劇、ファッションショーとかの舞台美術の仕事をしながら、38歳の時にこの西宮にティールームを作ったんだけど、42歳まで兼業しました。それまではお茶だけでは食べていかれなかった。

2 ビッグ・ボスとの出会い

——ムレスナティーとの出会いは？

25歳で初めてスリランカに行って、ムレスナティーの創業者、アンスレム・ペレラさんに出会ってね、すごく衝撃を受けた。「ビッグ・ボス、この人みたいになりたい！」って思った。その時、日本からも何人かムレスナティーを輸入したいって人がいたけど、アンスレムは僕を選んでくれた。それから40年経った今、僕が一番長いエージェント。今年は年間120t仕入れたし、平均しても年間80tは輸入している。ここまで続けて来られたのも、アンスレムとの関係があったから。

ムレスナティーが買うお茶は、ファーストティーオークションだけ。芯芽だけを使った最高級の茶葉しか落としません。天国に一番近いところで採れる、最高級のお茶。でも、アンスレムは「9割だな」と思うわけね。それを現地のティーテイスターが、さらに質を高めるように120%のクオリティーにブレンドしている。ノーブレンドティーの中のブレンドティー。ブレンドっていうのは、単一の地域の中で、天候などの影響で品質がばら

スリランカ・ウバ地区にある、ムレスナティーキャッスル。デボン滝が見える眺めの良いテラスでお茶を楽しむ人々。

ついていたりする茶園の茶葉を調整して、そのティーテイスターにしかできない「ブレンドティー」を作る。手間がすごくかかるんですよ。これが他のブランドの紅茶と違う部分です。

ムレスナティーのお茶は、若葉だけだから抽出がすごく早いんですよ。ジャンピングなんてしなくても、くるっとお湯を回すだけで大丈夫。世界で一番早くオペレーションできる紅茶なんです。

僕は自分のことをティーテイスターだとは絶対言わないんですよ。僕はインポーターなんです。本物のティーテイスターの世界は、日本人にはわからないんじゃないかな。

——スリランカのムレスナティーキャッスルも素敵ですね。

ティーキャッスルは、その昔、15年くらい前にできました。テラスの寸法を測ったのは僕なんです（笑）。

3 日本のムレスナティー

——日本のムレスナティーは、スリランカとは違いますね。

そうなんです。まずパッケージ、スリランカのパッケージで売っていた時は、中身はおいしいのに全然売れなかった。そこで、僕が写真を撮って、コメントも自分なりに書くようになりました。最初に出した時はあんまり売れなかったんだけど、ある時から爆発的に売れるようになって。写真の技術が上がってきたからかな。味は世界でトップレベルだけど、おいしいだけじゃ売れないんですよ。

——ネーミングも印象的です。

思いつきで書いてるだけなんだけど、今の時代に合ってるのかもしれないね。このパッケージじゃなくてただおいしいだけの紅茶だったら、ここまで来られなかったと思います。

それから、スイスのジボダン社というメー

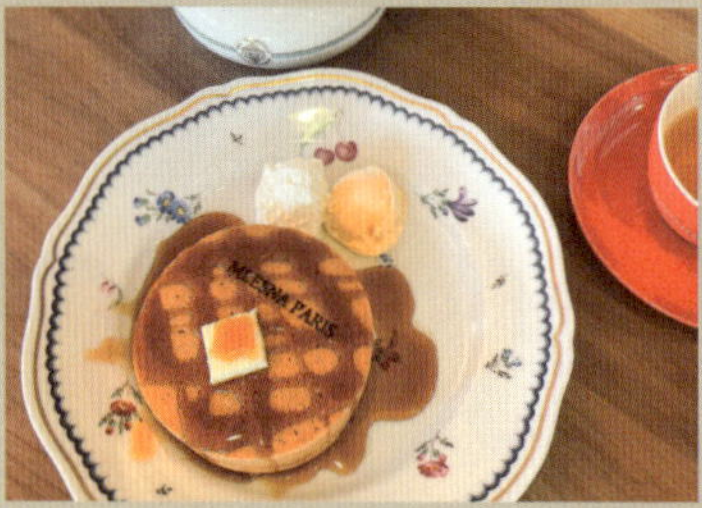

ホットケーキにはオリジナルのティーシロップが。

カーの香料を使ってスリランカで着香された茶葉を、日本に輸入して僕がブレンドしてオリジナル商品を作っています。今では、ブレンドが170種類、個包装の商品は500種類くらいになる。

——本国から何か言われないんですか？

ビッグ・ボスから「お前ほどおれの紅茶をいじったやつはいない」と言われました。オリジナルパッケージを作った時、5年間くらい黙ってたんですよ。最初は大変でしたけど、今や大絶賛。ビッグ・ボスには息子が二人いて、「お父さんは紅茶のすごい世界を作ったけど、ディヴィッドは別の素晴らしい世界を作った」と言ってくれて。嬉しいね。

——新しい店舗も増えていますね。

11月には日本橋のコレドに新しいお店がオープンするし、来年には広島にも大きな店舗を作る予定です。

4 紅茶の世界をアート化する

——オリジナル商品を作る時に大切にしていることは？

飲む人のことを想定しています。この香りは20代の女性向けだな、とかブレンドを考える時に、ターゲットを想像してオリジナル商品を作っています。

——「京都四条の香り」はご自身の体験から生まれているのでしょうか？

「京都四条の香り」は、京都の路地を歩いている情景を妄想して生まれたブレンドです。路地裏を歩いていたら、そこにおばあさんがいてね、「おじいさんが亡くなった」、っていうんですよ。それでね、「あんたもお参りしていき」って道をどんどん歩いていって通された部屋で、おじいちゃんの写真の前でチーンとやって、そっと手を合わせた時の、その部屋の空気感。

紅茶だけでなく、ディヴィッドさんのネーミングと「語録」も楽しめる。

——そんなイメージのブレンドなんですね！

それがインスピレーションというものです。でもね、もちろんそうじゃない場合もあります。フレーバー同士の組合せを頭の中でイメージして、こうしたらいいかなってピヨピヨピヨっと比率を出して、実際に出来上がった紅茶を飲んでみて、これいけるね、っていうものも作っているんですね。今はこの店にブレンドをする人が二人います。

——パッケージにある「語録」も、人気漫画の『ジョジョの奇妙な冒険』みたいで楽しいです。

ポッとイメージが出てきたりするから、それはもうアートだよね。パッケージの写真も、僕は素人だけど、素人の良さみたいなものがあると思っていて。自分がいいと思うものをできるだけ作っているんだけど、その方がお客さんに受けると思っています。誰が作ってるのかわからないけど、これは何？　というものって、なんか惹かれるじゃないですか。だから、紅茶の世界をアート化するということを、ずっとやっているということかな。顔はこんなおっさんだけど、心の中にはかわいい女の子がいる。乙女座だし（笑）。

5 目指しているのは「デイリー」

——日本の紅茶文化がどんなふうになったらいいと思いますか。

お茶ってもっと簡単に、誰もが自由な発想で飲むのが一番いいと思うんです。僕が目指しているのは「デイリー」。つまり毎日気軽に何杯でも飲んでもらえる紅茶。ティータイムを増やすことで、世の中がもっと平和になると思ってる。お茶を飲みながら考えたり、語りあったりしたら、もしかして見えなかった未来が見えるようになるかもしれないでしょう？　これからの紅茶業界は、そうやって紅茶の価値を伝えていくべきだと思いますね。

スコットランド発祥のフルーツケーキ
スコッチバンとも呼ばれ
ホリデーシーズンのお楽しみ

BRITISH CAKE HOUSE

英国菓子研究家・小澤祐子さんが手がける、神奈川県湯河原町にある英国菓子教室&アフタヌーンティーサロン。2024年『BRITISH CAKE HOUSE 英国菓子、料理、スタイル、四季のおもてなしレシピ』(主婦の友社)を刊行。

製作　小澤祐子（BRITISH CAKE HOUSE）

BRITISH CAKE HOUSE

Black Bun

ブラックバン

材料（10×20×6cmのパウンド型1台分）

生地

薄力粉……300g
バター（食塩不使用）……150g
ベーキングパウダー……3g
塩……3g
水……大さじ4

準備

・バターは1cm角に切って冷やしておく。

フィリング

中力粉……200g
重曹……小さじ½
ミックススパイス……小さじ½
シナモンパウダー……小さじ½
ジンジャーパウダー……小さじ½
黒こしょう（挽いたもの）……小さじ¼
ブラウンシュガー……100g
レーズン、サルタナ、カレンズ……各150g
ミックスピール（オレンジとレモン）……100g
マーマレード……大さじ½
卵……1個
ウイスキーまたはオレンジジュース……大さじ2
牛乳……大さじ3

成型

卵……1個

ブラックバンは、スコッチバンとも呼ばれ、ショートクラストペストリーで覆われたフルーツケーキの一種です。起源はスコットランドで、もともとは十二夜（12月25日から12日後の、1月6日）に食べられましたが、現在はホグマニー（スコットランドの年越しのお祝い）で楽しまれています。焼き上げてから数週間熟成させると、よりおいしくなります。

作り方

生地

1 ボウルに薄力粉、ベーキングパウダー、塩をふるい入れる。
2 バターを加え、スケッパーで切るように細かくし、両手ですり合わせるようにして粉チーズ状にする。
3 水を加え、スケッパーで切るようにして全体に水分を行き渡らせる。
4 生地をひとまとめにし、ラップで包み冷蔵室で休ませる。

フィリング

1 ボウルに中力粉、重曹、ミックススパイス、シナモン、ジンジャー、黒こしょうを合わせてふるい入れる。
2 レーズン、サルタナ、カレンズ、ミックスピール、マーマレードを加え、1を全体にからめる。
3 卵、ウイスキー（またはオレンジジュース）、牛乳を加えて木べらなどで全体を混ぜ合わせる。
4 フィリングをひとまとめにし、ラップで包み冷蔵室で休ませる。

成型

1 パウンド型の内側にバター（食塩不使用、分量外）を塗る。
2 冷やした生地の2/3量を台に取り、めん棒で20×30cm程度の長方形にのばす。
3 1の型に2を隙間がないように敷き詰め、フィリングを詰める。
4 生地の1/3量を10×20cm程度の長方形にのばす。
5 3の生地のふちに溶いた全卵を刷毛で塗り、4の生地をはりつけ、ナイフで余分な部分を切り落とす。フォークなどでふちをしっかりとめ、ナイフで空気穴を開ける。
6 溶き卵を表面全体に塗り、160℃に温めておいたオーブンで2時間焼く。
7 焼きあがったら型から外す。

エスプリのある食卓
紅茶と料理のアンサンブル
新年を迎える前のお家フレンチ

レシピ・文　徳田由香里
写真　篠あゆみ

お招き料理の定番、海老のカクテルに自家製マヨネーズを添えて。お鍋でことこと煮込む温かいポトフはゲストとの会話もほっこりと和らぐ優しいお味です。フランス人の故郷の味で、フランス風おでんというところでしょうか？　あわせるのはマスタードの代表格でもあるマイユ。家庭でもビストロでも常備される食の友の定番です。私事ではありますが、パリと京都2拠点の暮らしが始まりました。今年のお正月には丹波の黒豆煮を初めて作ってみたのですが、これが意外に簡単で、私のお招き料理の定番の一品となりました。

和洋折衷という日本語があるように、マリアージュというフランス語もあります。異文化を合わせた相乗効果がある出逢いで、おいしさも2倍豊かになります。

スモーキーなフレーバードティーと！

徳田由香里
とくだ・ゆかり

2004年に渡仏、ル・コルドンブルーにて料理の基礎を学び、リッツ・エスコフィエにて食から広がる芸術を学ぶ。料理教室主宰。料理とワインのマリアージュを探求している。2023年より京都での活動も開始。

ポトフ

材料（4人分）

- シチュー用肉 ……………… 600g
- 玉葱 ……………………… 2個
- 人参 ……………………… 2本
- 葉つきセロリ ……………… 4本
- イタリアンパセリ ………… 適量
- 葉つき白ネギ ……………… 2本
- キャベツ ………………… ½個
- ジャガイモ ……………… 小4個
- にんにく ………………… 2片
- ローリエの葉 …………… 4枚
- クローヴ ……………… 小さじ1
- 黒粒胡椒 ……………… 小さじ1
- ゲランドの塩 ………… 大さじ1
- 酢 ……………………… 大さじ1
- ミネラルウォーター ………… 2L
- オリーヴオイル …………… 適量

※シチュー用の肉は拳の半分くらいにカットしたものが理想。

作り方

1 大きな鍋（直径26cm）にミネラルウォーター2Lを注いでコンロにセットする。

2 野菜を洗い、玉葱、人参を2等分にカット、キャベツは縦に4等分にカット、イタリアンパセリは葉の部分だけ切り落とし、セロリは表皮の繊維を削ぎ、茎の部分を葉つきのまま3等分にカット、白ネギも葉の部分を切り落とし3等分にカット、にんにくは各4等分にカットする。

3 鍋を火にかけ、沸騰したら塩、黒粒胡椒、ローリエ、クローヴ、肉、白ネギの葉、にんにく、人参、玉葱、セロリ、イタリアンパセリの茎、白ネギを加え、吹きこぼれないよう注意しながらていねいにアクを取る。

4 アクが出なくなったら弱火にして2時間ことこと煮込む。

5 肉に包丁がスーッと入ったら、ジャガイモとキャベツを加え、ジャガイモが柔らかくなれば完成。

6 お皿に盛り付け、イタリアンパセリの葉を飾る。オリーヴオイルはお好みの量で。

Point

フランスを代表するマイユのマスタードや粒マスタード、または柚子胡椒、手作りマヨネーズなどと一緒に。スープが残ったら、翌日冷蔵庫の残り野菜を細かく千切りにしたものを加えて、野菜スープとして頂くのもおいしいですよ。

海老のカクテルと自家製マヨネーズ

海老のカクテル

材料（4人分）
- 海老 ……………………… 20尾
- レモン …………………… 1個
- 自家製マヨネーズ（下記参照）　80g
- イタリアンパセリ ………… 適量

作り方
1. 海老を殻付きのまま沸騰した湯で1分程茹でる。
2. 水切りし、冷蔵室で冷ます。
3. 皿に2とカットしたレモン、イタリアンパセリを盛り、自家製マヨネーズを添える。

自家製マヨネーズ

材料（作りやすい分量）
- 卵黄 ……………………… 4個
- 酢 ………………………… 大さじ3
- サラダ油 ………………… 300mL
- 塩・胡椒 ………………… 少々

作り方

準備：卵黄は常温に戻しておく。

1. 大きなボウルに卵黄を入れ、泡立て器で混ぜながら、少量ずつサラダ油を加える。
2. 卵黄と油がよく混ざり、クリーム状になったら酢を少量ずつ加える。
3. すべて混ぜ合わせたら塩・胡椒で味を調える。

＼ 残った卵白でもう一品 ／

作り方

準備：卵白は常温に戻しておく。

1. ボウルで卵白を塩とよく混ぜ、熱したフライパンに油（分量外）を入れ、そこに入れて炒めながら細かい炒り卵をつくる。
2. フライパンをあけ、きのこ類を油（分量外）で3分間炒め、塩・胡椒をふる。
3. 1を加え、炒め合わせる。
4. 器に盛り、赤唐辛子とイタリアンパセリを飾る。

材料（作りやすい分量）
- 卵白 ……………………… 4個分
- きのこ類
  （木耳、鮑茸、たもぎ茸、舞茸など）500g
- 塩・胡椒 ………………… 各少々
- 赤唐辛子 ………………… 少々
- イタリアンパセリ ………… 適量

黒豆の簡単煮

材料（作りやすい分量）
・黒豆 ……………………… 200g
・きび糖 …………………… 400g
・醤油 ………………… 大さじ3
・塩 ………………… 小さじ1½
・水 ………………………… 1.2L
※大きめのボウル、南部鉄器の鍋があれば理想的。

作り方
準備：さっと洗った黒豆を、12時間水につけておく。

1 黒豆を水ごと鍋へ入れ、きび糖、醤油、塩を加えて火にかけ、煮立ってきたらていねいにアクを取り除く。
2 アクが出なくなったら弱火にし、ことことと2時間煮る。
3 味見をし、お好みで味を調整し、火を消して、そのまま冷ます。
4 粗熱が取れたら、冷蔵庫で冷まして完成。

フレーバードティー

材料（4人分）
・SMOKEY LAPSANG（茶葉）
………………………… ティースプーン5〜6杯
・お湯 ……………………………………500mL

作り方
1 温めたティーポットに茶葉を入れ、熱湯を注ぎ3〜5分間抽出（濃いめがおいしい）。
2 茶こしを使ってカップに注ぐ。

スモーキーフレーバーの紅茶は、海老の甲殻類の香りや、野菜のアロマとクローヴの香りをたっぷりと含んだポトフにもよく合います。アールグレイティーなど香りの強い紅茶もおすすめです。

憧れのアフタヌーンティー 6

ザ・プリンス パークタワー東京

レストラン ブリーズヴェール

写真 矢島直美

ザ・プリンス パークタワー東京は、
プリンスホテルの
フラッグシップホテルとして2005年に開業。
緑豊かな芝公園内にあり、
東京タワーの眺望が魅力の
ラグジュアリーホテルです。
2023年からは、ホテル最上階のメインダイニング
西洋料理「レストラン ブリーズヴェール」にて、
フレンチスタイルのアフタヌーンティーを開始。
目にも華やかなひとときをプレゼンテーションする、
料理長の茂手木了さんと
シェフパティシエの岡野千寿夫さんに
お話を伺いました。

ザ・プリンス パークタワー東京
レストラン ブリーズヴェール

東京都港区芝公園 4-8-1
電話：03-5400-1170（予約）
11:30 ～ 14:30（最終入店 12:30）

茂手木 了　もてぎ・りょう

レストラン ブリーズヴェール 料理長／ 2004 年品川プリンスホテルに入社。カフェ、フレンチレストラン、宴会調理を 17 年間担当。食の恵みを与えてくれる自然への敬意を理念とし、丹精込めた料理を日々創り出す。パリで行われたフランス料理国際コンクール“トロフェ・パッション 2022”に日本代表で出場し総合 3 位入賞。2022年ザ・プリンス パークタワー東京のレストラン ブリーズヴェールの料理長に就任。

——レストラン　ブリーズヴェールのアフタヌーンティーの特徴を教えてください。

茂手木　セイボリー、スイーツともに季節ごとの旬の食材をふんだんに使った、本格的なフレンチスタイルのアフタヌーンティーです。また、レストランはホテル最上階の33階にあり、東京湾までも見渡せる眺望のよさも特徴のひとつです。100席を超える広々とした空間で、ゆっくりとした時間をお過ごしいただけます。

——お二人とも、「ブリーズヴエール」のアフタヌーンティーの立ち上げから携わっているとのことですが、どのようなコンセプトでしょうか？

茂手木　私は、品川プリンスホテルでもアフタヌーンティーを経験していましたが、こちらでは新しい試みとして、フレンチレストランならではのアフタヌーンティーを立ち上げました。たとえば今回のテーマは「ぶどう」ですが、フォアグラを使うなど、フランス料理ならではの食材や技法を取り入れています。また、オードブルとグランデセールは一皿ずつ提供し、まるでコース料理を楽しんでいるかのようなプレゼンテーションを目指しています。ゆっくりとリラックスした時間をお過ごしいただきたいという思いを込めています。

オードブルの「フォアグラとマスカット リースリングのガトー仕立て　トリュフ風味のヴィネグレット」。通常テリーヌで提供することが多いフォアグラをあえてムース仕立てにしたことで、フォアグラの味わいがより引きたつ、贅沢なひと皿。

岡野　デザートに関しても、その季節ならではの食材を使い、レストランだから可能な〝瞬間的に楽しめる〟ひと皿を提供しています。技術的にも高度なデザートを取り入れることで、通常のラウンジで提供されるアフタヌーンティーとは異なる特別な体験をお届けしたいと考えています。

——目でも楽しめ、本当にコース料理を堪能しているかのような贅沢な構成ですね。ひとつ一つ、手が込んでいるのがよく分かります。

茂手木　ありがとうございます。大きなひと皿を作るのとは違い、小さなサイズにフレンチのエッセンスを凝縮するのは手間がかかりますが、その分、一品ごとに個性を出せるので、非常にやりがいがあります。お客様に驚きと喜びを感じていただけるよう、毎回異なるアプローチで提供しています。

岡野　デザートも同様で、テーマであるぶどうを使い、種類豊富なメニューを作り上げるのは大変ですが、それでもお客様に喜んでいただける瞬間が何より嬉しいです。メインのプレート

グランデセールの2品。ル レクチェを模《かたど》ったチョコレートの中に洋梨のムースを閉じ込め、キャラメルアイスを添えた「“ル レクチェ”〜収穫のとき〜」と、口に入れると儚く溶ける泡をまとった「ぶどうのシャルロット仕立て マスカルポーネクリーム」など、“瞬間”を楽しむデザート。手間をかけて作り上げた一品は、見た目の美しさと味わいのバランスを大切にしているという。

岡野 千寿夫　おかの・ちずお

シェフパティシエ／1990年赤坂プリンスホテルに入社。1995年にジャンマリーシブナレル杯日本予選金賞、2000年の第8回内海会飴細工技術コンクール内海杯では優勝を飾る。2001年、クープ・ド・フランス飴細工世界大会に日本代表で出場し3位。2022年ザ・プリンス パークタワー東京シェフパティシエに就任。

アフタヌーンティーで提供する紅茶は、主に「ロンネフェルト」を使用。季節ごとにお茶のメニューが替わり、秋にはルイボスティーの「クリームオレンジ」、冬には「ウィンタードリーム」などを提供。フードとともに、季節感を味わえるドリンクメニューが、訪れる人を楽しませる。

を選べる楽しさや、見た目の美しさにもこだわっています。アフタヌーンティーは味だけでなく、視覚や会話も楽しむ場だと思います。選べるメニューは、その時間をさらに特別にする要素だと考えています。

――バリエーション豊かなアフタヌーンティーの試みが、グランドメニューにも応用されることはありますか？

茂手木　はい、もちろんあります。アフタヌーンティーのメニュー開発は、私たちにとって挑戦の場でもあります。たとえば、今回のオードブルであるフォアグラとぶどうの組み合わせは、フランス料理の中でも珍しい試みであり、実験的な一品です。こういったアフタヌーンティーでの新しい挑戦が、お客様に好評をいただいた場合、グランドメニューに採用されることもあります。アフタヌーンティーを通して、新しい発見やアイデアが生まれ、それが他のメニューに発展していくのです。

――東京湾まで見渡せる大きな窓も魅力的ですね。訪れる方々に、どのような時間を過ごしてほしいと考えていますか？

岡野　ロビーラウンジとは異なる、特別な空間でひとつ一つ時間と手間をかけたデザートをご用意しています。ゆったりとした席で、特別なひとときを過ごしていただければと思います。

茂手木　フレンチの技法を活かしたオードブルやセイボリー、そしてデザートは、見た目の美しさに加え、味にも細部までこだわっています。ホテルのレストランというと少しハードルが高く感じられるかもしれませんが、フランス料理が初めての方にもカジュアルに楽しんでいただけるよう工夫しています。アフタヌーンティーを通して、フランス料理を気軽に体験していただければ嬉しいです。

33階の眺望は格別。レストラン隣のスカイラウンジステラガーデンには、平日限定で東京タワーを眺めながらアフタヌーンティーを楽しめるプランも。

Grape French Afternoon Tea

Grape French Afternoon Tea

2024年11月30日まで

〈モクテル〉 「True Love」

〈オードブル〉・フォアグラとマスカット
リースリングのガトー仕立て
トリュフ風味のヴィネグレット

〈セイボリー〉・海老の冷たいビスク
・蟹とコンソメジュレ
・サーモンとジャガイモのコルネ
・ミックスサンドウィッチ
・パテとピオーネ
・生ハム 無花果
・リーフチップ

〈スイーツ〉・ぶどうのヴェリーヌ仕立て
・ぶどうのジュレ オリーブパール添え
・ぶどうのタルト
・ル レクチェのタルトタタン
・スコーン（バニラ／洋梨）

〈グランデセール〉
（どちらかひと皿を選択）
・ぶどうのシャルロット仕立て
マスカルポーネクリーム
・“ル レクチェ”〜収穫のとき〜

〈ジュエリーボックス〉・ボンボンショコラやマカロンなど、
おすすめの小菓子

ストロベリーフレンチ
アフタヌーンティー

12月から２月までの期間限定で「ストロベリーフレンチアフタヌーンティー」を開催。冬の寒さを忘れさせる、甘く華やかなメニューが特別なひとときを演出。クリスマスやバレンタインの思い出に。

『ストロベリーフレンチアフタヌーンティー』
（2024年12月〜2025年2月）

スイーツは、甘くてジューシーな苺の王様「あまおう」をふんだんに使用。

My recommendations - Lovely, isn't it?

毒とは量であり、量とは毒である。

文・写真　Noire

古くは薬品としても珍重されてきた茶葉。茶葉に含まれるカテキンなどの有効成分は、健康増進効果があるうえ、コレステロール・体脂肪の低減、癌、糖尿病、肥満など各種疾病の予防、果ては虫歯や口臭を防ぎ、美容にまで良いというのだから世間が注目しない方がどうかしているという話である。

しかし、いくら身体に良いとは言え〝致死量〟というものが存在するのは皆様もご存知でしょう。光あるところに闇があるように、毒と薬は表裏一体であり、良き薬でさえ〝量〟を間違えれば毒と転ずる中々に難しいお話である（※コ○インの原料のコカの葉は今でも現地では主にお茶として皆に愛されている）。

〝労働〟をカテゴライズするならば限りなく〝毒物〟に近しいという実にショッキングな研究報告が名門Oxford University（に見学に訪れた事しかないサイエンスとは無縁の私）によりなされた。人生において〝労働〟が日常におけるストレス要因（ストレッサー）の中で最もメジャーなものであるという事は周知であろう。

今の日本にも英国貴族さながら働いたら負けを地で行く剛の者もいるのだろうが、ストレス（負荷）が全く無い事もまた大きなストレス（負荷）となる事からも、如何にこの毒を自身にとっての薬とするかは、人間が日々の刺激と平穏のバランスを整えていく〝ワークライフバランス〟の問題として、大きなテーマの一つと掲げられるようになった。

絶妙な塩加減によって更に甘みが引き立つ和菓子のように（※私は巣鴨の塩豆大福が大好物だ）、ある程度アクセントを利かせた方が、人生の味わいは深まる傾向にあるが、大昔と比べ〝生きる〟という動物的に本質的・根源的な行為を我々人類が必要以上に簡略化し続けてきたツケのようなものが今更回ってきたせいなのか、この適度なストレスの塩梅《あんばい》管理というのは実にややこしい。

言うは易く行うは難しの典型である。

Noire

のわーる

英国を拠点にヨーロッパ統一を目論む謎の美少女（18歳）という些か無理のある設定でSNSを中心に活動。その全てを一刀両断せんとする英国王室直系の毒舌振りには根強いファンがいる。また、旅行、食事、お酒、映画、音楽、アンティーク家具、食器、美術品、時計、テディベア集めと、運動以外の趣味は大体網羅している。

飲み過ぎないように気を付けても飲み過ぎてしまったあの夜が無数にあるように、二度と酒など飲むもんかと誓った（あの地獄のような）朝が数え切れぬほど存在するように……。しかし唐突に設定した禁酒期間をこれまた唐突に破って飲むビールの美味さは何故かくも格別なのでしょうか？ 結局のところ挫折と共にもたらされる特有の背徳感や爽快感なんてものを恥じらうくらいならば、いっそのこと真っ向から全力で楽しんでしまった方が、また立ち上がる自分の背中を押すきっかけとなり易かったりもする。開き直りは日常に蔓延《はびこ》る毒を受け入れ、次第に耐性を形成し、免疫力の向上にも寄与しているのであろう。万物は〝毒〟となり得ると認識し始める事、そして万物は逆説的に自身にとって薬にもなり得る事を知るのである。

世界で最も強力な猛毒の一つであるテトロドトキシンを持つフグ。実は幼魚時代は毒は微量であるが、その食性と食物連鎖の過程において次第に強力な毒素を溜め込み成長していくというが、まるで我々人間のようではありませんか？ 膨れっ面をして怒っているイメージのあるフグ。我々人間もまた社会という大海原に出て、いつの間にか無意識のうちに毒気を溜め込んでしまい知らず知らずのうちに膨れっ面にならないよう気を付けつつ、日々のストレス（＝スパイス）は日常に彩を加える程度に整え、ゆるーくながーく適度に付き合っていきたいものである。全ては気の持ちよう、しかしその気をどう持つか、それこそが人生の課題であり、思考する事を許された我々人間に課された業なのかもしれません。フグはフグの毒では死なないのです。

お茶でも嗜みながらストレスとの付き合い方、考えてみませんか？ ちなみにお茶の致死量は数百杯程度ですので、どうか飲み過ぎには十分にお気を付け下さいますようお願い申し上げます。

私はお酒の方を人生における〝必要悪〟程度にまで控えねばなりません。

それではHave a lovely tea time

cholonの

雑貨めぐりお茶めぐり

台湾・山の茶芸館でおいしい中国茶

台湾に行けば必ずと言っていいほど訪れる、お気に入りの「茶芸館」があります。台北の中心部から1時間ほどの猫空《マオコン》地区にある「邀月茶坊」です。

地下鉄MRTの「動物園駅」まで行き、ロープウェイに乗り換えて猫空へ向かいます。一面に広がる森を眼下に昇っていくと終点の猫空駅に到着。この一帯はお茶の一大生産地で、駅の周りにはいくつもの茶芸館があり賑わっています。

「邀月茶坊」は駅から少し離れているので徒歩かミニバスで。賑やかな台北市内からほんの少しの距離なのに、とても静かで落ち着きます。山の傾斜に沿って建てられた店は広大で、いろいろなエリアに席がしつらえてあります。おすすめは茶葉の緑に囲まれたテラス席。清々しい空気の中でいただくお茶は格別です。

1　ロープウェイから遠くに台北の市内も見えます。猫空駅までは 30 分ほどの空中散歩。
2　数年前に息子と行った時は室内の席に座りました。
3　今年は家族でテラス席でのんびり。雨が降ると、ビニールのカバーをかけてくれます。
4　くねくね道を結構なスピードで走るミニバス。ローカルなバスも風情があって楽しいです。

猫空地区で作られた木柵鉄観音をはじめ、いろいろな台湾茶を選べます。缶に入った茶葉を注文し、人数分のお湯代を支払う仕組み。自分でポットにお湯を足しながら、何煎でもお茶をいれてくつろぐことができます。

点心類や食事、スナックもいろいろ揃ってます。茶葉や茶油を使った茶葉料理をいただけるのはうれしい。時間がゆっくりと流れる茶芸館で中国茶をいただけば身体も心もリフレッシュします。台北に行ったら、少し足を延ばして訪ねてみてくださいね。

佐々木智子
ささき・ともこ
札幌「庭ビル」内にあるアジアの雑貨とオリジナルの洋服の店「cholon」（チョロン）店主。店名の cholon はベトナムの地名から。ホーチミン市のチャイナタウンの通称で、直訳すると「大きな市場」という意味。

和紅茶

TOKYO TEA BLENDERS

vol.7

文　根岸次郎
写真提供　TOKYO TEA BLENDERS

「和紅茶を日本の生活文化に。
世界へ発信する」をビジョンに掲げ、
TOKYO TEA BLENDERSを
立ち上げた根岸次郎さん。
和紅茶のサブスクリプション
TEA FOLKSを開始、
厳選した和紅茶を
茶園のストーリーとともに
お届けしています。

上左／コースメニューの合間に参加者の皆さんと意見交換。　上右／西明石のオステリア プロフーモに生産者さんたちと集合。
下左／他の生産者が提案したお茶を確かめる駄農園の高塚さん。　下右／1品につき4茶園が考え抜いた和紅茶の提案がズラリ。

前回は和紅茶の生産者さんと訪問したロンドン、パリ、ベルリンでの活動を報告しました。私は海外向けの活動で、海外販路を開拓するだけでなく、和紅茶が海外で評価されることによって日本での再評価に繋がることを期待しています。国内需要を喚起するためには和紅茶を積極的に取り入れて頂ける飲食店を広げていくことも重要と考えています。日本の飲食店では〝お茶は無料で飲めるもの〟という認識が定着していますが、和紅茶はもちろん有料のメニューにすることができます。弊社では実験的な取り組みとして、2024年1月に西明石の本格イタリアンのお店「オステリア プロフーモ」にご協力頂き、飲食のプロの皆さんにお集まり頂くイベントを開催しました。カネロク松本園、駄農園、牧之原山本園、益井園の園主とともにイタリアンのコースに合わせた園主自慢の和紅茶を提供し

バースタイルでお客様とお茶談義をすると心理的な距離が縮まります。

ました。これまでもペアリングにはチャレンジしてきましたが、本格的なコース料理に合わせること、何より料理のプロの皆さんに評価頂くことでたくさんの改善点が見つかったように思います。終了後、近くの喫茶店で生産者の皆さんとギュウギュウの個室で今回の学びを共有し合う中で、必ず次に繋がる取り組みだと感じました。

飲食店での和紅茶需要を生み出すためには料理とのペアリング提案が有効ですが、同時に、和紅茶をドリンクメニューとしていかに成立させるかということも重要だと思います。若者のアルコール離れがすすむ中で、海外のバーではノンアルコールのカクテルを「モクテル」と呼び新たなブームとなっています。これまでお酒がメインだったお店でもアルコールを飲まない層を取り込むために和紅茶

香駿をスパークリングワインで抽出するマルヒ製茶の鈴木さん。

根岸次郎

ねぎし・じろう

TOKYO TEA BLENDERS合同会社代表。大阪大学哲学科卒業。大手通信会社でニューヨーク駐在中に紅茶の多様性に興味を持つ。帰国後、日本紅茶協会認定ティーインストラクターの資格をとり創業、2021年より和紅茶定期便 TEA FOLKS を開始。

を活用頂ける可能性があります。

弊社では２０２４年2月に銀座のバーを借り切ってカネロク松本園、牧之原山本園、益井園、マルヒ製茶の園主とともにオリジナルティー企画を開催しました。園主は、自慢の和紅茶を使ったアレンジティーやアルコールとの組み合わせを考案してきて、来場頂いた和紅茶ファンに提供しました。飲食店でメニュー化するにはお湯で抽出するプロセスが最大の課題になりますが、抽出液を冷やしたもの、または水出しにしたものを活用することで素早く注文に応えられて、かつお客様を唸らせるドリンクになる可能性を発掘できました。

開拓者精神の強い和紅茶生産者の皆さんとともに、これからも需要創出に繋がるようなチャレンジに取り組みたいと思います。

燻製紅茶は様々なアルコールとの組み合わせも抜群の評価。

THE PROOF OF THE PUDDING IS IN THE EATING.

trip 03　England

写真・文　大段まちこ

Teacups are floating in the air.
lovely red-brick London.

プディングの味を知るにはプディングを食べるより他にない。

——イギリスのことわざ

White teapots, white tiles.
The smell of freshly baked scones.

そうなのだ。
想像で判断しないで
なんでも、やってみないとだ。
やってみて、びっくりということもある。

Berry pudding,
floral tablecloth.
Sweet and tangy.

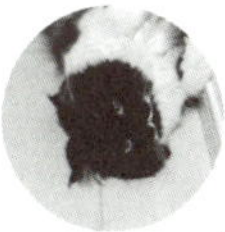

大段まちこ
おおだん・まちこ
フォトグラファー。20代にロンドンの郊外で学生生活を送る。帰国後も仕事やプライベートでイギリスに通い続ける。著書に『かわいいイギリスの雑貨と町』（共著）など。ちいさくてかわいいものを集めたオンラインショップLOLITも運営。大切な日を待つカレンダー「MAKE TODAY YOUR DAY CALENDAR 2025」を発売。
https://lolit.stores.jp/

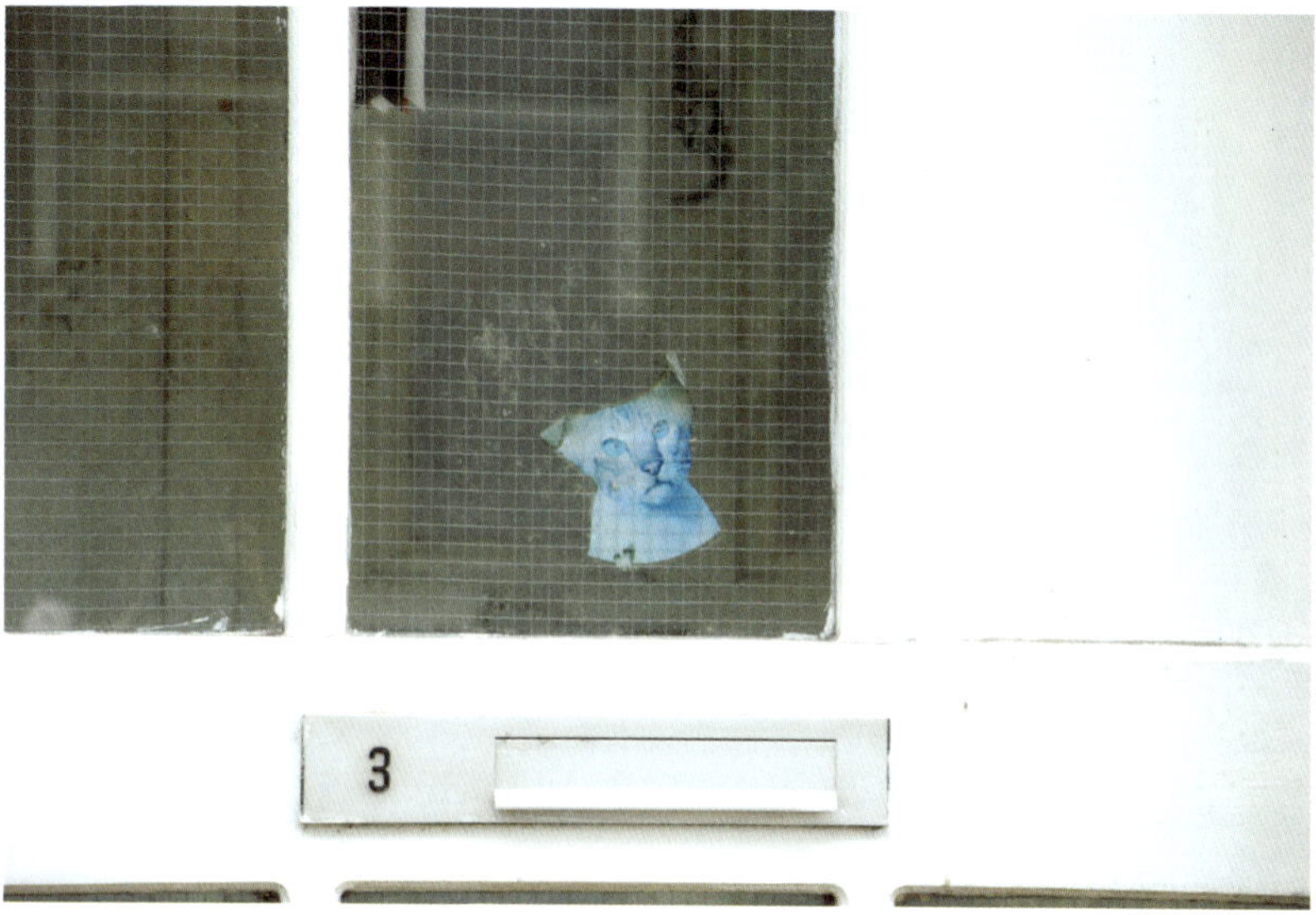

A cat that locked eyes with me.

3
My favorite number.

おいしい紅茶のマリアージュ

私のお茶時間

文・写真 板倉直子

テーブルクロスは白いラインの入った黒いカディの布。

インドの想い出

この夏はうだるような暑さの中、数年前に訪れたインドのことを幾度となく思い出していました。

私にとって忘れられない強烈な印象を残した、わずか一週間ほどの旅。ドキドキしながらコルカタ空港に降り立ったのは深夜1時ごろ。

真っ暗で移動の車の中から景色は見えなかったけれど、体にまとわりつくような熱く湿った空気にインドの気配が感じられました。

翌朝ホテルの窓を開けると、生い茂る植物が目の前に。

緑の濃さと樹木の大きさに圧倒され、その生命力の強さに驚くばかり。かと思うとやせ細った野良牛が町中をうろついていたり、行き交うバスから送られるたくさんの表情のないぎょろりとした強い視線に圧倒されたり。

人通りの多い道端では、物を売っている人の隣で悠然と食事や水浴びをしたり、さらには寝転がって休んでいる人もいたりと、まるで生活の場のよう。

そしてそれにはまったく誰も動じていないという、シュールな状況。美しいものと汚いもの、たくさんの情報が混然一体となって繰り広げられる光景に驚いたのと同時に、生と死の両方を垣間見たような気がし

ハンカチは木を彫って作った型にインクをつけ、手で布に押しつけるブロックハンドプリントを施したもの。

ました。

　訪れた6月の終わりは、オレンジ色のノウゼンカズラや濃いピンク色の百日紅《さるすべり》が咲き乱れ、インドの女性たちが着る色鮮やかなパンジャビドレスとシンクロしてとても美しかった景色が脳裏に焼き付いています。

　さらに極彩色の衣に負けないくらいの存在感を放つゴールドや色石のアクセサリーを幾重にも重ね、額には第三の目とも呼ばれる赤いビンディが。

　それがあまりにも美しくて目から離れず、私の美の価値観を大きく変える出来事となりました。

　インドといえば頭に布を巻いている男性を思い浮かべますが、それは少数派のシク教徒の人たち。

　子供のころに読み込んでいた「小公女」に出てくるターバンを巻いた男性は、シク教徒だったのかと思いを馳せてみたり。

　私が営んでいる洋服店では、インドの伝統工芸である手紡ぎ手織りのカディの

コルカタとダージリンで出会った風景。

コルカタのヴィクトリア記念堂にて。

服も扱っています。

風をまとっているような軽やかさで、これを着たら他の服が着られなくなるほどの着心地。

私がインドに惹かれる理由の一つは、今では貴重な手仕事が残っていること。細やかな縫製や刺繍はこの地でしかできないようで、世界中の洋服業界からの手仕事を担っているそうです。

いつまでも残ってほしい伝統技術ですが、私にできるのは洋服を通してその素晴らしさを伝えること。

旅で出会ったダージリンの山並みや紅茶畑の風景、茶葉を摘む女性たちの姿も一生記憶に残る大切な想い出です。

さて、今日のお茶時間はそんなインドのことをイメージしてセッティング。

インドを連想させる色濃いグラデーションのキクやケイトウの花々を生けたのは、カレー用に使われていた銅の鍋。

お土産でいただいたケララ州のマサラティーは、体を整える5つのスパイスにローズペタルとホーリーバジルがブレンドされたもので、インドコットンの薄布で包まれたティーバッグに手作りのぬくもりを感じます。

カップはマニプル州ウクルル地方の希少な漆黒の陶器、ブラックストーンポッタリーのもの。

マサラチャイに合わせたのは、かぼちゃの団子にカシューナッツをまぶしたインドの甘い伝統菓子「カドゥ・ハロワ」。

今回は長年通っている松江のインド料理店「SPICE」さんにご協力をいただき撮影しました。

板倉直子
いたくら・なおこ

島根県松江市のセレクトショップ「Daja」ディレクター。仕入れから企画、販売まで、店の運営の全てに携わる。トラディショナルをベースに自分らしい着こなしを提案している。著書に『大人の悩みにこたえるおしゃれ』（扶桑社）、『明日、ちょっといい私に出会えたら』（主婦と生活社）など。

ビーチから望むインド洋。また行きたい。

スリランカの思い出

文　Uf-fu　大西泰宏
写真　Uf-fu　井内麻友美

私が初めてスリランカを訪れたのは確か26歳の時、今から25年以上も前のことになります。もう遠い過去のことですが、今でも鮮明に憶えている情景や言葉があります。

当時、私は神戸にある海外ブランドの紅茶専門店に販売員として勤務していました。そこではインドやスリランカはもちろん、南米やアフリカ諸国など世界中のお茶が取り扱われており、まだ見ぬ産地に強い憧れを抱きながら日々を過ごしていたところ、上司から紅茶研究家の故・磯淵猛先生がスリランカの茶園訪問ツアーをしている話を聞き、参加することに決めたのでした。

磯淵先生は、20代で勤めていた商社を辞め、セイロンティーの輸入販売会社をご自身で経営されており、私がツアーに参加した当時40代後半でしたが、既に100回以上スリランカへ訪問されておりました。年に4、5回は産地を訪れていた計算になります。

ツアーをご一緒させていただいた間、先生に対してずっと感じていたことは、時間とお金を惜しみなく使い、ご自身が見たことや感じたことを、お茶を通して人に伝え続けているということでした。

それは、茶畑の中で、茶摘みの女性が一芯二葉で手際よく手摘みしている姿。製茶工場で、マネージャーたちが一つのチームになって高品質なお茶を作ろうとしている姿。出来上がった紅茶を直ぐに工場内にあるテイスティングルームで試飲する姿。コロンボにある高級ホテルのラウンジで紅茶をサーブする姿。

お茶が生まれるところから、生活の中でのシーンまで、さまざまな場所でのお茶を取り巻く風景。

〝お茶は人が関わるから素晴らしい〟と何度も磯淵先生は話されていました。

〝お茶〟という人の手がかかった飲み物を通して、人と人が関わっていく姿が、何千年もの間、続いていて、これからも続いていって欲しいと願い、尽力されている姿は、私にとって人生の目標を見つけたという思いでした。この経験は今でも私の中にずっとあり続け、先生を超えることは難しくても、

インド洋に面したゴールフェイスホテル。ホテルから見える風景がとても素敵。

下から風が吹き上げ、お茶の葉たちが揺れている。自然を構成する地形、風、そこに住む人たち。お茶作りにおける人と自然との関わりを感じます。

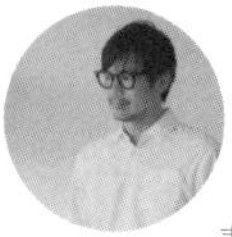

大西泰宏

おおにし・やすひろ

2002年より紅茶輸入販売業Uf-fu代表。お茶の産地を訪問することと、産地より直接届くサンプルの中から自分の好きなお茶を探し出すことが私の喜び。また世界中の茶畑を巡ることが生涯の目標でもある。

生涯を通して出来るだけ近づきたいと願っています。

この初めてのスリランカ訪問時に今でも忘れられない風景があります。

一つ目は、コロンボの海岸沿いにある由緒正しき〝ゴールフェイスホテル〟。ホテルの前に広がるビーチから見るインド洋。特に夕暮れ時に現地の人たちが散歩している姿に憧れを感じて、今でも終《つい》の棲家の候補地に挙げているほどです。

二つ目は、なだらかな斜面にあるウバの茶畑。

スリランカは、1月から6月までは西から東へ、7月から12月は東から西へ偏西風が吹きます。訪れたのは7月、斜面の下から風が上がってきて、茶葉どうしが擦れあい、カサカサと音を立てていました。この事によって茶葉がストレスを感じ、特有の香気成分を生み出していると教えてもらったことが、私が最初に経験した、〝農作物が生育する土地の土壌や地勢、気候などの自然環境〟（テロワール）でした。

最後は、スリランカで一番高い場所にある産地〝ヌワラエリヤ〟。

製茶工場を改装して建てられた、〝ティーファクトリーホテル〟で見た美しい星空。今でも忘れられない。あの時の星空は私の人生の中で最も美しい景色です。

もう一度また見る事ができたとしたら、今の私はどう感じるのかな。

〝お茶は人が関わるから素晴らしい〟磯淵先生の言葉と共に、スリランカをまた訪れたい。今からとても楽しみにしています。

chalo india

文・写真・レシピ　水野仁輔
解説　東京スパイス番長

チャローとはヒンディー語で「さあ、行こう！」の意。

インド料理に魅せられた男４人組の料理集団、
「東京スパイス番長」による旅の記録です。

水野仁輔
みずの・じんすけ

AIR SPICE代表。1999年以来、カレー専門の出張料理人として全国各地で活動。カレーに関する著書は70冊以上。世界を旅するフィールドワークを通じて、「カレーとはなにか？」を探求し続けている。「カレーの学校」の校長を務め、本格カレーのレシピつきスパイスセットを定期頒布するサービス「AIR SPICE」を運営中。
http://www.airspice.jp/

2015　茶摘み編

ダージリンの山を登る

ついに旅の本当の目的地を目指すこととなった。ビハールを出発し、ダージリンへ向けて山を登るのである。ホテルのロビーには旅先案内人のローチャンが待っていた。

「さあ、ダージリンの茶園へ行こう」

出発した車がある交差点を左に曲がるとちょっとしたゲートがあった。通行証がいるわけではないけれど、明らかにそこから先を走っている車はどれも同じようなジープばかり。たまにトラックを見かける程度で、雰囲気がだいぶ違う。山道の過酷さを物語っているかのようだ。

左右に平地が広がり、手つかずの自然が見渡せる。ゾウのイラストが描かれた標識があるから、この辺りにはゾウが出没するのだろう。かと思えば、ソルジャーの格好をした男たちがいたるところにいて、パン！　パン！　パン！と何かの演習をしているような音も聞こえている。どうやら軍隊の基地があるようだ。

ふたつ目のゲートをくぐると道はいきなりクネクネとカーブを繰り返し始め

ときおり立ち込めて来るのは霧なのかモヤなのか。心地よい空気がこの町の印象を強める。

る。急な傾斜とカーブを伴う狭い道をひたすらアグレッシブに登っていく。カーブを曲がる前にはやたらとクラクションを鳴らしまくる。車が行くぞ、気をつけろよ。対向車とすれ違うときにはお互いスピードをぐっと落とし、ときにはサイドミラーをたたんでジリジリと近寄っていく。よくもこんなスペースで車がすれ違えるもんだ。

あたりの景色が開けてきた。山々がよく見える。木々で緑色に染まった山肌にしがみつくようにカラフルで小さな家や店が点在している。建物を覆い隠すようにモヤのような霧《きり》がかかっている。下から見れば、これは明らかに僕らが普段、「雲」と呼んでいるものなんだろう。

車の窓を開けるとひんやりした冷気が入り込み、頬を撫でた。少し顔を出して外を見る。崖の下は急で足がすくむ。「落ちたら死ぬだろうな」。僕は、胸のあたりを斜めに締め付けているシートベルトを握り締めた。車は、ほどなくして目的地であるギダパハール茶園の工場に到着した。

紅茶の正しいテイスティング方法

山の斜面を一部削り取ったような場所に工場はあった。工場主への挨拶もそこそこに見学スタート。工場に入ると途端に紅茶の素晴らしい香りが襲いかかってきた。部屋の中はだだっ広くて薄暗い。発酵に適した温度と湿度が管理されているからだ。

ずらりと並んだテイスティングカップ。これだけの種類を一度に飲み比べしたのは後にも先にもない。

「ウェザリング、ローリングはとっくに終わったよ。僕たちは朝の五時から作業をしてるんだ」

工場長のシンさんは、申し訳なさそうに、でもちょっと誇らしげにそう言った。七十二歳だという。ユニークなジェスチャーつきでオーバーに話してくれるから、不思議な説得力を持っている。

乾燥機のある部屋に行くと大きな機械があって、温度表示は二百四十五度をさしていた。オーブンで肉の塊でも焼くかのような高温である。乾燥の終わった茶葉を手に取ると、カラカラと音が鳴るほど乾いている。

キッチンカウンターにはテイスティング用のカップがずらりと並んでいた。十種類以上の紅茶をテイスティングする。ほとんどがギダパハールの紅茶だが、摘んだ時期と加工した時期が違う。出来立ての茶葉でいれた紅茶は、心なしか味が濃く感じられたが、実際には十五日ほど経つとグンと香りがよく出るようになるそうだ。

工場長のシンさんが、テイスティング法のデモンストレーションを始めると、口元からものすごい音がなった。

ズルズル！　ザーッ！　ザーッ！　ズボボボボー！

洗面台にためた水が排水口に吸い込まれていく音だって、もっと静かなはずだ。しかも体の動きも尋常じゃない。まるでオペラ歌手がサビを歌い上げるかのようなオーバーリアクション。こうやるんだよ！　と言わんばかりにシンさんは全身を使って教えてくれている。品がなくわざとらしい仕草だから、何も

収穫時期や発酵の度合い、産地の違いなどの他、揉む工程を手作業するかしないかなどで細かく分けている。

知らない人が聞いたら眉をひそめてその場を立ち去りたくなるような行為だろう。

「お茶と共に大地の空気をすべて吸い込むようにすると、味がよくわかるんだ」

ジュルーッ！　ズビビバーッ！　不思議なことに強い香りが口の中から脳天の裏側へ抜けていくような感覚に襲われる。香りがわかりやすくなるのだ。

試飲で最もおいしかったのは、AV2 Clonalのファーストフラッシュだった。「AV2」というのは、ブッシュの名前だそう。アッサムはアッサミカ、ダージリンはチャイニーズ種が主だが、AV2はニュークローン。彼は、様々な品種の掛け合わせをしているそうだ。なかでも静岡のやぶきた茶が好きだという。

「やぶきた！　僕の生まれ故郷の味ですよ」

そう言うと、ローチャンは目を丸くして、嬉しそうに笑った。

インセクツと西方美人茶

ギダパハールの茶園の見学に行く。車で数分の斜面に茶畑が広がっていた。女性たちがせっせと茶葉を摘んでいる。少し先は霧がかかっていて幻想的な景色を作り上げていた。今の時期に摘むセカンドフラッシュの茶葉にとっては、こんな感じで少し曇った天気がいいそうだ。育つペースがゆっくりになるからその分、風味が出るという。

一芯二葉を摘み、食べる。今回の旅でどれだけの茶葉を食べていることだろ

収穫のため、茶畑に入ったスタッフの上半身のみが見える。仲間入りして手摘みを体験したのが懐かしい。

う。ビハールの葉に比べ、葉の色が濃く、ところどころ、茶色っぽい印象も受ける。味は、茶の味がより強く感じられた。

「この茶葉を見てごらん、小さな赤い斑点があるでしょ？　これは害虫が食べた跡なんだ」

確かに黄緑色の若々しい葉の表面には腫れ物ができたようにポツポツと赤い斑点があってなんだか痛々しい。

「じゃあ、この葉は紅茶には使えないんですね？」

僕が聞くと、ローチャンは一瞬、嬉しそうにニヤリとして、まるで落ちを言う直前の噺家のような顔をした。

「実は、この虫が食った葉がとても大事なんだ」

虫が葉を噛み、汁を吸う。すると葉がくるっと縮こまる。縮こまったときに何らかの化学反応が起き、葉の香りが凝縮されて強まるのだと言う。

「Insects make flavor.（虫が茶葉の香りをより強くしてくれるのさ）」

ローチャンは、力強いアクセントでそう言った。そんなことがあるんだ……。さっきまでおでこにできた吹き出物のように見えていた斑点が、今度は、頬に入れたチークのように素敵に見えてくる。「虫が食う」というとあまりいいことのように聞こえないが、ダージリンティーにとって「虫が噛んで吸う」のはありがたいことなのである。ふと僕は、自分の腕や肩のあたりに鼻を近づけてクンクンと匂いを嗅いだ。ホテルを出る前に浴びるほど吹きかけた虫よけスプレーの匂いがして、今朝の行為を少しだけ恥じた。

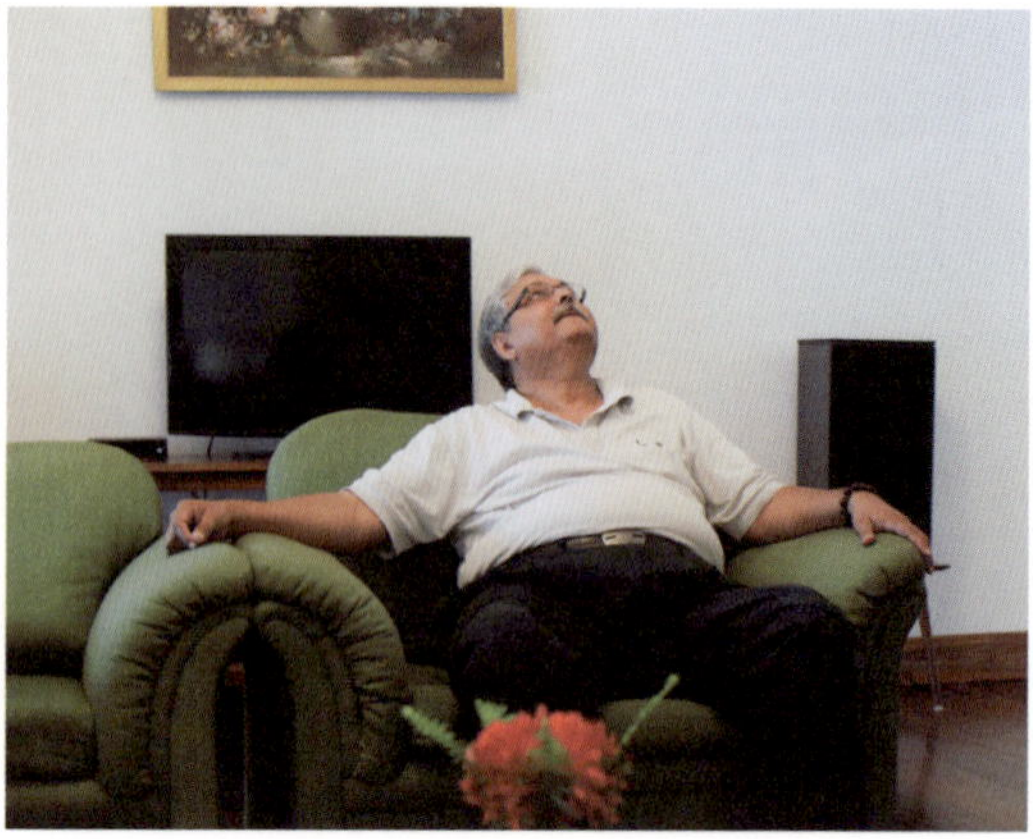

紅茶に並々ならぬ情熱を傾けつつも、ユーモアの気持ちがあふれているローチャン。本当にお世話になった。

ローチャンは、この製法が台湾の有名なお茶から影響を受けていると話してくれた。東方美人茶（DONG FANG MEI REN＝ドンファンメイレン）だ。虫は害虫でウンカと呼ばれている。ウンカはセカンドフラッシュが摘まれる時期に最も多く発生し、その内分泌物質によって香気成分が発生するそうだ。元々は偶然の産物だったが、そこからそれを意図的に生む高い技術が育まれ、超高級茶葉として作られるようになった。真面目な説明をした後に茶目っ気たっぷりにこう付け加えた。

「東方美人茶がDONG FANG MEI RENだから、僕はこの茶をシーファンメイレン（XI FANG MEI REN＝西方美人茶）と呼んでるのさ」

確かに台湾から見ればインドは西方だ。西方美人茶だなんて、うまいこと言うじゃないか。

ローチャンは、一九九一年から一九九七年までジュンパナ茶園のマネージャーを務めていた。ジュンパナ茶園といえば、ダージリンで最も有名な茶園のひとつである。七年間そこのトップだったという経歴は、ニコニコとしたこのふくよかなおじいさんからは窺い知れない。その後、彼は、政府の要請で、「利益を生まない土地、ビハールを紅茶で再建せよ」という命を受けて、紅茶を作り始めたという。それが、昨日僕らが訪れたドカ茶園だったのだ。紅茶で土地が蘇る。意義深いビジネスである。

初出『CHALO INDIA 2015 茶摘み編』を改変

ティーラムカレー

材料　3～4人分

・植物油……………………… 大さじ4

【ホールスパイス】
・クローブ………………………… 4粒
・シナモン……………………… 1/2本

・玉ねぎ（みじん切り）‥ 小1/2個分（80g）
・にんにく（すりおろし）……… 小さじ1
・しょうが（すりおろし）……… 小さじ1
・ラム肉（または牛肉・一口大に切る） 500g

【パウダースパイス】
・ガラムマサラ……………… 小さじ2
・ターメリック……………… 小さじ1
・ジンジャー………………… 小さじ1
・レッドチリ……………… 小さじ1/4
・ガーリック……………… 小さじ1/2

・塩　…………………… 小さじ1強
・トマト（ざく切り）……小1個分（120g）
・紅茶………………………… 100mL
・湯（または水）……………… 200mL

作り方

1　鍋に油を中火で熱し、ホールスパイスを加えてさっと炒める。
2　玉ねぎを加えて強火にし、ほんのり色づくまで炒める。
3　にんにくとしょうが、ラム肉を加えて強火のまま表面全体がこんがり色づくまで炒める。
4　火を弱めて中火にし、パウダースパイスと塩を加えて混ぜ合わせる。
5　トマトを加えて混ぜ合わせ、中火でさっと炒める。
6　紅茶と湯を注いで煮立て、ふたをして弱火で30分ほど煮る。
7　ふたを開けて味見し、必要なら適量の塩（分量外）で調整する。

写真：今清水隆宏

スタイリング：西崎弥沙

陶磁器物語 14

茶道具の歴史

文 立川 碧　写真 山神千里

私たちは紅茶を楽しむために、
様々な茶道具を使用しています。
それらの道具がいつくらいから
使用されてきたのか、
どのような進化を辿ってきたのか、
知りたくありませんか？
身近にある茶道具を
見直す機会にして頂ければ嬉しいです。

ヴィクトリア朝初期に作られたキャディボックス。螺鈿《らでん》細工で彩られた、芸術品のような逸品。

Gは「緑茶」、Bは「ボヘア」を意味します。かなり珍しいキャディボックスです。

キャディボックスとキャディスプーン

現在の茶缶、茶袋の原型がキャディボックスです。一七世紀、西洋で茶は高額な価格で取引されていました。使用人が盗み飲みしないようにと、キャディボックスには鍵がかけられました。初期の頃は緑茶を入れるための銀製の一つ箱が多かったのですが、半発酵茶（ボヒー又はボヘア）が登場した後は、二つ箱、または真ん中にそれらのお茶をミックスするためのガラスのボウルがついたタイプが人気となりました。茶葉をすくう茶さじには貝殻が使われていましたが、後に貝殻を模した銀製のキャディスプーンが作られるようになります。

右／ジョージアン朝のティーポット。メロン型。
左／ヴィクトリア朝のティーポット。洋梨型。

ティーポット

キャディスプーンですくった茶葉を入れるのはティーポットです。一七世紀末頃に輸入品として紹介された中国製のものから始まり、後には銀製、国産の磁器製のものなども製作されました。

ティーケトル

当時の上流階級者の館では台所は地下にあり、家主が足を踏み入れる場所ではありませんでした。そのため、使用人達は台所で沸かしたお湯を居間まで運び、ティーケトルの中に移し替えました。初期の頃はケトルに直接茶葉を入れて煮出していましたが、ティーポットが登場してからは、ケトルからティーポットにお湯を注ぎ、紅茶をいれるスタイルが定着しました。ティーポットは一八世紀後半から陶磁器でも製造されるようになり、次第にティーボウルやクリーマー、シュガーポットなどと同じデザインで展開されるようになります。

一七九〇年代のティーケトル。
現在は装飾品として愛でられていることが多い。

右はミントン窯、左はニューホール窯。どちらも一八世紀末の作品です。

ティーボウル

ティーカップの原型は持ち手のないボウルと小皿のセット「ティーボウル」でした。一七世紀末、ボウルに注がれたお茶に砂糖を入れてかき混ぜてから、茶を小皿に移して飲むという、奇妙なマナーが流行します。この習慣は、ボウルに持ち手がつく一八世紀半ばまで続きました。

ティースプーン

ティーボウルに入れたお茶に、砂糖やミルクを加えかき混ぜるために、ティースプーンが登場します。またティースプーンには「お茶のおかわりを断る」役目もありました。高価なお茶をあからさまに「もういいです」というのは失礼に当たるため、ティーボウルの上にティースプーンを渡して置くことがマナーとなりました。

透かし模様のデザインもさまざま。

モートスプーン（モートスキーマー）

モートスプーンないし、モートスキーマーは、茶こしの原型です。モートは「埃」、スキーマーは「すくいとるもの」を意味します。ティーポットの注ぎ口に詰まった茶葉を取り除くためや、またスプーンのつぼの部分に穴を開けてけておくことで、茶液の中に紛れ込んでしまった茶殻をすくう用途として活用されました。モートスプーンが製作されたのは一九世紀初頭までの短い期間の為、希少価値の高い茶道具の一つとなっています。

現在は使用するというよりは、紅茶文化を回顧するアイテムとして重宝されているため、個人宅より、美術館や博物館で目にすることが多いです。穴（ピアス細工）が壊れやすいため、アンティーク品を購入する際は、直しがないか確認してみるとよいでしょう。

シュガーボウル&シュガーニッパー（シュガートング）

一八世紀半ばになるまで、よほど裕福な家庭でない限り茶菓子は出てきませんでした。砂糖そのものが高価で、そのまま出すだけでも充分なもてなしになったからです。そのため、ティータイムの際はたくさんの砂糖を用意することが歓迎の証になり、砂糖を入れるためのシュガーボウルも大ぶりに作られました。砂糖はゲストが勝手に触ってはいけないものとされ、砂糖をつかむシュガーニッパーも銀で製造されました。

ミルクピッチャー

大ぶりに作られたシュガーボウルに対し、国産品である牛乳を入れるミルクピッチャーは小ぶりに製作されました。これらの品は、後にティーポットと同じデザインで製作されるようになりますが、一八世紀は別々のデザインが主流でした。

英国のティールームでは、ミルクピッチャーを一輪挿しとして使用しているシーンもよく見かけます。

蓋が付いているのはフランススタイル、英国スタイルはオープンシュガーです。

ミルクピッチャーは今も定番アイテムです。

スロップボウル

今は作られなくなってしまった茶道具の一つがスロップボウルです。茶会の際に、飲み残したお茶、使用済みの茶殻を捨てる容器として活用されました。ティーボウルとそろいのデザインで作られることが多かったのですが、一九世紀半ばになると、水回りが充実してきたことにより使われなくなりました。

ブレッド&バタープレート

茶菓子が少なかった一八世紀は、茶菓子は各自にではなく、サンドウィッチ、マフィン、ティーブレッド、ソーダブレッド、ショートブレッド、バナナブレッドなどを大皿に盛りつけ、そこから好みの分量をそれぞれがつまむスタイルが主流でした。持ちやすいように両側に持ち手が付いているタイプが人気となります。

日本のどんぶりくらいの大きさのスロップボウル。右上のティーカップと比較すると大きさがわかるでしょう。

ティーカップ六客に対し一枚の割合で作られました。

茶こしの変遷。

ティーストレーナー

一九世紀後半になると、インドやスリランカでの茶栽培も盛んになり、現在私たちが飲んでいるものに近い紅茶が登場してきます。機械による製茶法が取り入れられたことにより、茶葉の形状も細かく変化し、ティーストレーナー、いわゆる茶こしが必要となってきます。初期の頃はまだお茶の葉が大きかったため、ポットの先にぶら下げるタイプの小さな茶こしが使われていました。二〇世紀に入ると更に細かい葉に対応できるように、ティーカップにセットして使用する、現在のものに近い茶こしに変化していきます。

ケーキ皿

寒冷地で育つ甜菜《てんさい》を原料とした砂糖が普及すると、茶菓子の価格も下がり、もてなしの際は茶菓子をふんだんに用意することが定着します。そこで求められるのがケーキ皿。ただし、現在のようにダイニングでお茶を楽しむ家庭はまだ少なかったため、ソファー席の

ティーナイフは家庭でも必需品です。

小さなテーブルに対応できるように、皿の大きさは一五～一七センチサイズのものが主流でした。ケーキを食べるために、皿の大きさに合わせたフォークも普及します。

ティーナイフ（スコーンナイフ）

ティータイムの時に使用するナイフをティーナイフと呼びます。ブレッド&バタープレートに盛りつけられる茶菓子は、バターを塗って食べる菓子も多かったことから、各自に一本が用意されました。バターを塗るために作られたので、刃先が丸いのが特徴です。二〇世紀になると、ティーナイフは、スコットランド生まれの英国菓子スコーンにも使われるようになります。

英国のティールームやホテルのティーラウンジに行ったら、ぜひナイフの先が丸いかを確認してください。

右／足つきのコンポート。ホールケーキやスコーン、フルーツを盛ります。
左／折りたたみ式のスタンド。プレートを自由に変えられるのが嬉しい。

ケーキスタンド

使用人のいない家庭でも茶菓子をスムーズに提供できるように、木製のケーキスタンドが愛用されるようになります。ケーキスタンドは屋外でも活用されました。ケーキスタンドは、二〇世紀に入るとレストランやティールーム用にテーブルにのる小ぶりのタイプに変形しました。

今はもう存在しない茶道具、形が進化して初期のものとは様変わりした茶道具など、様々な茶道具がありますが、美術館や博物館で昔の絵画や展示品を見る際に、時代ごとに使用された茶道具についての知識があると、より興味深く作品を見ることが出来ます。ティーバッグやインスタントティー、ペットボトルの普及により、ティータイムに必要な茶道具は年々減っています。お気に入りの茶道具でおいしい紅茶を楽しむ時間の尊さを、ぜひ身近な方と共有して頂ければ嬉しい限りです。

立川 碧
たちかわ・みどり

Cha Tea紅茶教室代表。JR日暮里駅からほど近い英国輸入住宅で行う紅茶レッスンでは、飲むだけでなく文化としての紅茶、陶磁器の知識も専門的に学ぶことができる。2021年10月に10冊目の著書『お家で楽しむアフタヌーンティー ときめきの英国紅茶時間』（共著）出版。店舗「CHA TEA」で紅茶と英国菓子も販売。

LESSON

1
おいしい紅茶のいれかた

リーフティーでもティーバッグでも
いれかたひとつで味も香りもぐんとアップします
まずは基本のおいしいいれかたをマスターしましょう

ストレートティー（ポット）

用意するもの（3人分）

・茶葉

〈リーフティーの場合〉

大きめの茶葉（OP）

9g（ティースプーン 山盛り3杯）

小さめの茶葉（BOP、CTC）

6 ～ 7.5g（ティースプーン 軽く3杯）

〈ティーバッグの場合〉 3袋

・熱湯 540～600mL

英国式ゴールデンルール

・できるだけ新鮮で良質な茶葉を使う
・茶葉の分量を正確にはかる
・空気を多く含んだ新鮮な水道水（浄水器を通したもの）を使う
・蓋のついたティーポットにお湯を入れ、温めておく
・ティーポットのお湯を捨て、茶葉を入れ、沸騰したての熱湯を注ぎ、蓋をする
・時間を計ってじっくり蒸らす（紅茶のおいしい成分を出し切る）

MEMO 数杯分をいれる場合は、お茶の濃度が一定になるようにセカンドポットを使うのがおすすめ。

1 茶葉を計る。

2 くみたての新鮮な水道水を100度まで沸かす。

3 あたためたポットに茶葉を入れる。

4 完全に沸騰したお湯をポットに注ぐ。

5 蓋をして蒸らし、時間をはかる。

6 ポットの中をスプーンで軽くひとかきして、温めたカップまたはセカンドポットに注ぐ。

ミルクティー

濃い目にいれたストレートティーに、牛乳（常温で、もしくは湯通ししたミルクピッチャーに入れたもの）を注ぐ。量はお好みで。牛乳は高温になると特有の香りが出てしまうため、沸騰するまで温めないのがおいしさのポイント。

ストレートティー
ティーバッグ

あらかじめ温めておいたティーカップに100度に沸騰させたお湯を注ぎ、ティーバッグをそっと入れる。ティーカップの口にお皿などで蓋をして、茶葉のパッケージに表示された時間だけ蒸らす。表示がない場合は2分〜2分半を目安にお好みの濃さで。

アイスティー
水出し

茶葉（リーフタイプ・ティーバッグ等）は「水出しＯＫ」のものを用意する。１リットルのミネラルウォーターに対し10gの茶葉を入れ、冷蔵庫で８〜10時間冷やしたら、茶葉を取り除く。熱を加えていないため傷みやすいので、水道水ではなくミネラルウォーターを使い、一日で飲みきれる量を作るのがおすすめ。

アイスティー
オンザロックス

２倍の濃さのホットティー（茶葉の量はそのままで、お湯の量を半分に）を、グラスなどに入れた氷に直接あたるよう注いで急冷させる。アイスティーは時間がたつとタンニンがカフェインと結合し濁ってくる（クリームダウン）ため、ニルギリ、アールグレイなどのタンニンの少ない紅茶がおすすめ。

イギリスのビクトリア時代（1837年から1901年）にイザベラ・ビートンが出した『ビートン夫人の家政読本（The Book of Household Management）』に「紅茶をおいしくいれるために最も大切にして守らなければならない規則」として紅茶のいれ方が掲載され、世界各地にイギリス紅茶とともに伝わっていきました。これがゴールデンルールの基になったと言われています。

LESSON

2

またぐめり逢いたいセイロンティー

紅茶と英国菓子の店 チャッツワース

つかみどころがないほど広がりを持つ紅茶の世界。
その多様性が、スリランカという小さな国に
ギュッと凝縮されています。

北海道の8割ほどの面積のスリランカ。その中央から南部にかけて、低地から標高2000メートルの高地まで22万ヘクタールもの面積がセイロンティーの産地です。日本人に最も馴染みのあるディンブラをはじめ、アッサム系の濃い水色でコクのあるミルクティーに向くものから、繊細で淡い水色のフラワリーな香りのものまで、多様なニーズに応える紅茶が揃っています。

一般的なセイロンティーの茶葉の形状のほとんどは、BOPと言われる細かくカットされた小さなサイズです。短時間で茶葉の持つ個性を抽出でき、紅茶の香りと味わいを余す事なく最大限に引き出すBOPは、セイロンティーの成分のバランスの良さを象徴していると思います。

私がこれまでの長い間、紅茶を比較するときに基準としてきたのがディンブラでした。口中で感じる渋みの強弱や軽やかさ、味わいの膨らみや凝縮感、その分布、香りの特徴、ミルクに合うか合わないか等です。

人により好みの紅茶に出会うキッカケは違いますので、あくまで個人的嗜好基準ですが、かく言う私も年を経るにつれ好みが変わってきました。

店ではご年配のお客さまから「懐かしいあの紅茶が飲みたい」とよく言われました。

当時の私は、コクのある味わいとキリッとした渋みの強い紅茶が好みで、ミルクティー好きの私にとってお客さまがおっしゃる紅茶がどのようなものかしっかり理解できませんでした。

今は私自身が新たに求める紅茶があります。随分前に立ち寄ったスリランカ料理の店で注文したセイロンティーなのですが、明るい透明感のある水色でゴールデンリングが美しく、フラワリーな香りと上品な旨味と渋みのバランスの素晴らしさに感動したのです。ヌワラエリヤとディンブラの間の魅力を持った印象でしょうか。

日常にこれほど溶け込んでいるセイロンティーですが、その嗜好の懐の広さに驚きます。セイロン7大産地の個性を、その時の気分に合わせて楽しめると良いですね。

皆さんもいろんなセイロンティーにトライしてくださいね。

岸本孝一
きしもと・こういち

1994年、兵庫県の加古川駅前に「紅茶と英国菓子の店　チャッツワース」をオープン。紅茶への熱い想いやお客さまの紅茶選びへのていねいな説明、長年のファンであるイギリスの老舗「ベティーズ」での研修を参考にした奥さまのはつ江さんによる英国菓子も名物。

セイロンBOPの“繊細な”味わいを引き出すポイント

1 **汲みたての水道水を使う（できれば浄水器を使用）**
流水（酸素を含んだ水）をケトルに注ぎ、たっぷり沸かす。

2 **沸かしたての湯を使う**
沸騰し始めの95℃（五円玉ほどの泡がケトルの水面に到達し始めた頃）の熱湯を、温めて茶葉を入れたポットに近づけ、湯の温度が下がらぬように注ぐ。

3 **蒸らし時間をまもる**
1分半から2分（時間はお好みで）で、1杯目のお茶を注ぐ。

Mahagastota
pedro
Estate
Lovers' Leap
pedro
Estate

憩いのひととき

爽やかな朝に
午後のティータイムに
おやすみ前のひとときに。
紅茶好きのあの人たちの
珠玉のエッセー、召し上がれ。

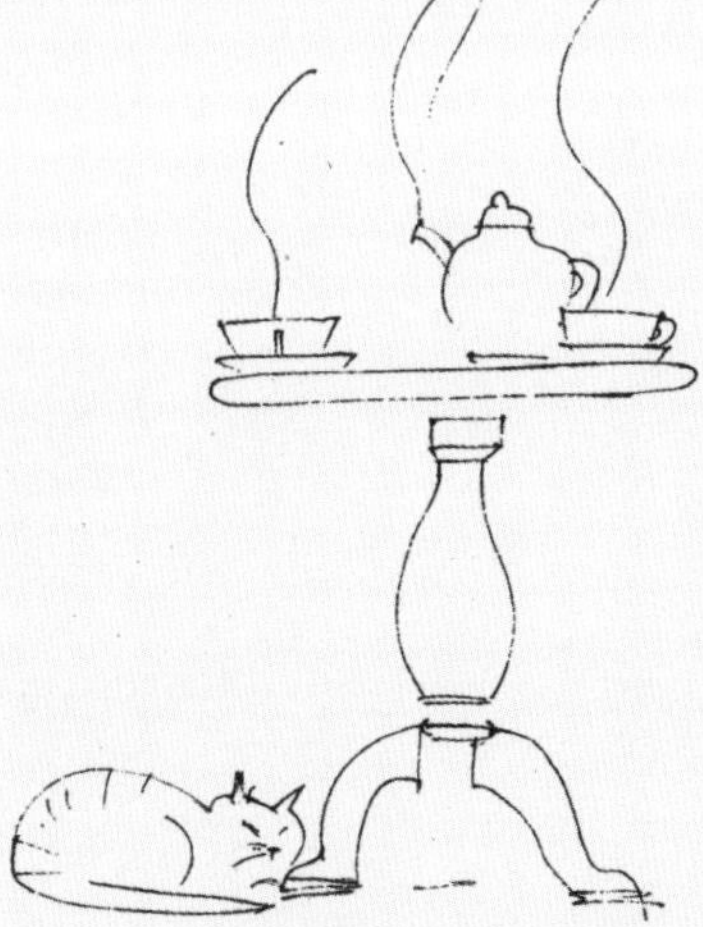

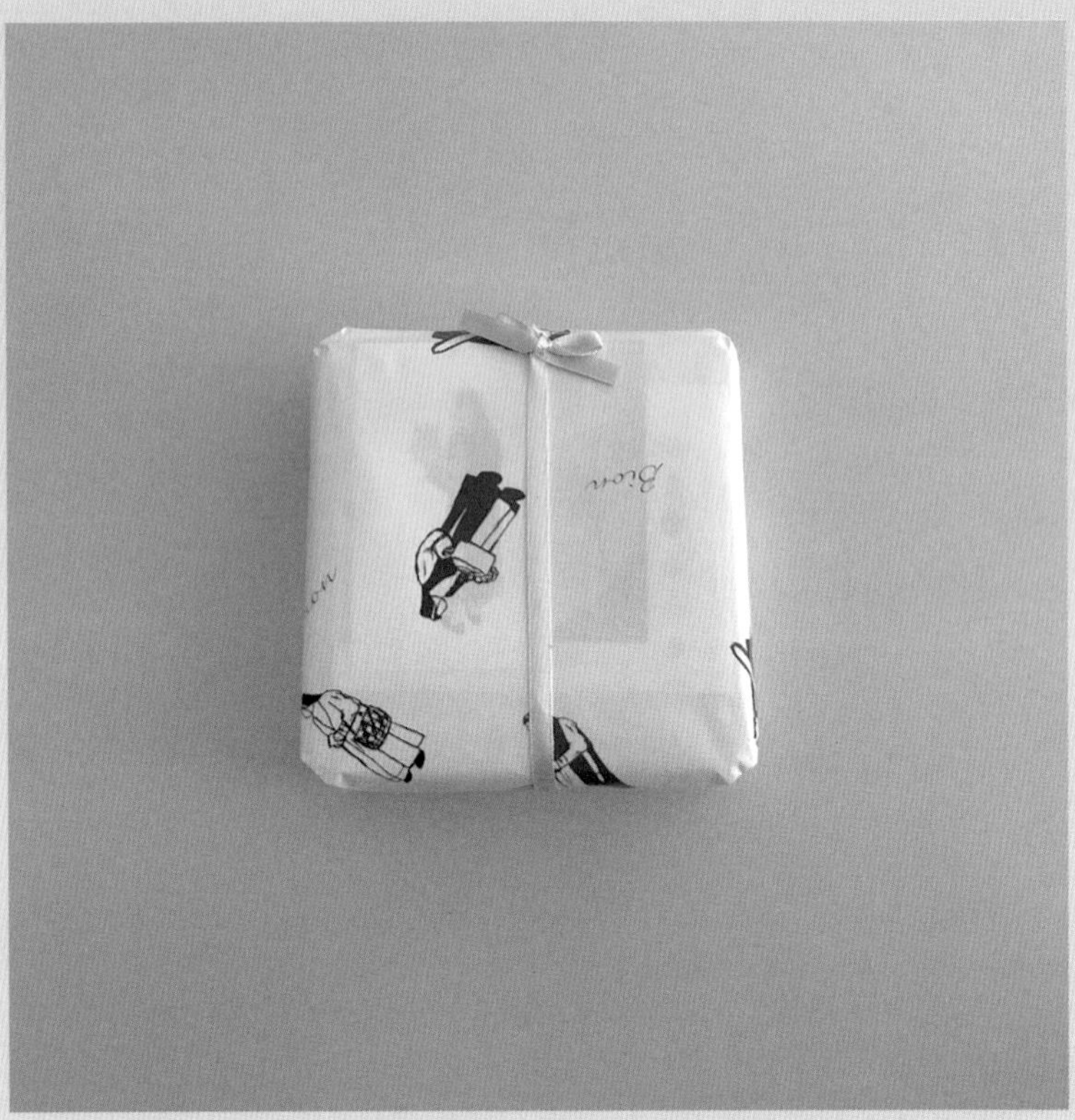

国立の街角から

焼き菓子三昧の夏

文・写真　葉田いづみ

いつか食べてみたいなあと心の中でブックマークしていたお菓子を、フランスから帰省した友人に頂きました。MÉERTのゴーフル。ゴーフルというと、風月堂に代表される薄い円形のパリッとしたお菓子を思い浮かべますが、フランス北部リール地方の伝統菓子ゴーフルはそれとは全く違います。たやすく破れそうなほどに薄い、しっとりした生地の間にバタークリームが挟まれていて、砂糖のシャリッとする食感が新鮮。生地の薄さは京都の阿闍梨餅を思い浮かべてください。パッケージにもうっとり。箱を開けると、ロゴマークが印刷された金色のホイルに包まれたゴーフルの姿が現れます（フィンガーチョコや鈴屋のデラックスケーキなどホイルに包まれたお菓子が好き）。蔵前の「FOBS」という洋菓子店でも似たような商品があるのですが、本場のものは初めてで感激しました。

もう1つのパリ土産は、アラン・デュカスのビスキュイ。大判サイズの六角形を一口かじると、濃厚なバターの風味にまず目を見張ります。ほろほろとしていて、甘味よりも塩気の方がやや優勢の印象も。シンプルなのに今まで味わったことがないような感じがするのが不思議。この秋にビスケット専門店「ル・ビスキュイ・アラン・デュカス」が日本橋にオープンするとのことで、楽しみです。

ビスキュイと言えば、8月の半ばごろ可愛らしいクッキー缶が唐突に届きました。門司港の「bion」の寺井きよみさんから。昨年、レシピ本をデザインさせて頂き、きよみさんの作るお菓子のおいしさと丁寧さに魅了されたのでした。両手に収まるほどの小ぶりなサイズの缶を開けると、10種類以上の形も味も様々なクッキーがぎゅぎゅっと詰まっていて思わず笑顔になります。新宿の三越伊勢丹で開催されるフランス展に出店されるとのこと。こういった行列必至のイベントはいつも気後れしているうちに終了してしまうのですが、今回は意を決してチャレンジしてみようと思っています。

年々暑さが増していると言われる日本の夏。ついついゼリーやアイス

などさっぱり系の冷たいデザートに手が伸びて、粉物のお菓子から遠ざかります。でもこうして思い返してみると他の季節と同じくらいしっかり焼き菓子を楽しんでいて、よっぽど好きなんだなぁと改めて思いました。

お菓子の缶はもちろんのこと、紅茶の缶も集めたくなる魅力がありますよね。パケ買いした紅茶をご紹介します。

1つ目は北欧紅茶。スウェーデンを始めとするヨーロッパ各国の王室で飲まれているブランドだそう。2階建ての紅茶専門店が描かれています。選んだのはアールグレイスペシャル。と言っても普通のアールグレイとは少し違っていて、レモングラスやお花、フルーツがブレンドされています。ミニサイズは、誰かにプレゼントしようかなと一緒に買い求めました。

2つ目はNEMIというロンドンのオーガニックティー。以前、たまたま遭遇したイギリスフェアにて購入。こちらは紙の円筒型という珍しいタイプ。ぱっと見はコーヒーが入っていそうな雰囲気です。

以前湯河原の「British Cake

葉田いづみ

はだ・いづみ

グラフィックデザイナー。静岡県出身、東京都在住。2009年より国立に暮らす。ここ数年の趣味は映画館での映画鑑賞。目標は美術館の図録をデザインすること。

House」さんに伺ったとき、棚に新旧取り混ぜた紅茶缶がいくつも並んでいる様子が可愛らしく、思わず写真に収めました。我が家にも少しずつ空っぽの紅茶缶が増えつつあります。

国立ミニ情報

国立駅北口から歩くこと6分、少し急な坂道を登り切ったあたりに器や生活道具を扱う「maika」があります。シンプルで機能的な道具が整然と棚に並ぶ様子は雑貨好きにはたまりません。北欧のヴィンテージ食器の取り扱いもあり、先日こちらのB品コーナーでアラビアの白いココットを見つけました。以来、毎日使うお気に入りアイテムとなっています。奥には焼き菓子の店「kb's bake」が併設されていて、イートインも可能。レジ横のショーケースに並んだキャロットケーキやスコーン、ブラウニー……など魅惑的なお菓子を、そのつもりはなくても雑貨と一緒に買わずにはいられません。

Night Cap Tea Talk

〜眠る前の紅茶のおはなし17〜

東京国際クルーズターミナルのデッキから撮影。

船上のアフタヌーン・ティー

文・写真　甲斐みのり

「英国の豪華客船『クイーン・エリザベス』の船内ツアーと、伝統的なアフタヌーン・ティーを体験しませんか?」思いがけない案内が届いた。２０２４年は初めて東京国際クルーズターミナルを発・着するクルーズが展開されることから、メディアに向けたイベントが行われるというのだ。もちろん取材ではあるのだけれど、夢の向こう側へ足を踏み入れるような、ふわふわとした心地で東京港へ向かった。

クイーン・エリザベスは英国のクルーズ会社、キュナード・ラインの

ショーが開かれるシアター。

客船で、世界でもっとも有名なクルーズ船といわれている。就航は1940年。今回私が乗船したのは、英国女王エリザベス2世に命名され、2010年にデビューした3代目。船のサイズは全長294メートルで12階建ての建物に匹敵する。乗組員はなんと980人。その数字からも、スケールを想像いただけるだろう。

アールデコ調にデザインされたロビーやラウンジやレストラン、眺めのいいプール付きのデッキにスパ、映画やバンドの生演奏などショーが催されるシアターと、船内はまるでひとつのまちのよう。初代クイーン・エリザベスをモチーフにした寄木細工や肖像画が装飾に用いられ、エレガントな雰囲気に包まれている。映画でしか見たことがなかったカジノを実際目にしたのも初めて。法律上、停泊時にはクローズし、洋上に出てからオープンするそうだ。

プールサイドにはグリルもある。

何より楽しみにしていたのは、毎日午後3時半に提供されるという英国式のアフタヌーン・ティー。ピア

美しい吹き抜けの空間。

甲斐みのり
かい・みのり

文筆家。旅、散歩、お菓子、手みやげ、クラシックホテルや建築、雑貨や暮らしなどを主な題材に執筆。著書多数。近著に『旅のたのしみ』（ミルブックス）、『愛しの純喫茶』（オレンジページ）など。

ノやハープ、バイオリンなどの生演奏が流れる中、窓の外に広がる海を眺めながら、ゆったりとしたときを過ごせる。サンドイッチやフルーツケーキと、どれも品があってうっとりとする味わい。紅茶はトワイニングのアフタヌーン・ティーブレンドで、船内で焼き上げるスコーンとよく合う。外側はかりっと香ばしく、中身はしっとり。クロテッドクリームやジャムをつけ大切に味わった。

これまで豪華客船での旅など、夢のまた夢と思い込んでいた。それが、船内ツアーで話をした旅行ジャーナリストの方に、海外への往復の航空代金と宿泊料を支払うのと、大きな差異なくクルーズできると教えてもらう。行程や日数、部屋のランクで変動はあるけれど、確かにヨーロッパを1週間旅するくらいの予算とそう変わらないプランもある。またひとつ、〝いつか〟と願う夢ができた。再び船上でアフタヌーン・ティーを味わえる日がくるだろうか。

写真のアフタヌーン・ティーは、通常と異なる会場と提供方法。（通常はティースタンドを使用していません）

今年の春から秋にかけて、アムステルダム国立美術館で開催された個展の準備をする李さん。

A short story from Amsterdam

李さんと石

文・写真　ユイキヨミ

かつてピカソも仕事場を構えていたという、パリ市内の古いアトリエビル。賑やかな通りに面してはいるが、分厚い扉と手入れの行き届いた中庭が緩衝材がわりになったビルの中は、アーティストの集中力を優しく絞り出すような有機的な静けさに満ちていた。韓国で生まれ、60年以上日本で暮らす現代アートの大巨匠、李《り》禹煥《うふあん》さんのアトリエも、このビルの一室にある。一年のうち数ヶ月はパリに滞在し、ここで制作を行っているのだという。

今年の春、このアトリエを訪ねて

李禹煥さんのパリのアトリエ。

李さんのお話を聞く機会があった。哲学者、そして文筆家でもある李さんの話は、なにもかもが深淵で新鮮。中でも、'60年代後半のデビュー当初から繰り返し彫刻作品の素材として使っている自然石についての話は、どこに行っても石を拾ってきてしまう、自称「石フェチ」の私の心を掴んで離さなかった。

……石は、誰でも知っている素材で、最近の技術を使えば含有物も成り立ちも全てわかる。だが同時に、どうにも不思議で不透明で、捉えようがない存在でもある。気が遠くなるほどの時間をかけて形成され、将来世界がどのように変わったとしても存在し続けるに違いない驚異的なもの。地球が生まれる前の、宇宙に浮遊していた物質さえも内包している。古代人たちは、石に自らの命を託して永遠を願い、宇宙的なものと繋がるよりどころとしてきた……

そう説明する李さんもまた、異なる次元へと見る者を誘う彫刻作品の中で、「無限」や「宇宙」と繋がるものとして石を扱う。成形はせず、あるがままの姿で作品にするのが李さんの作風だ。河原や海辺でよい石を見つけると、運ぶ前に「ごめんなさい」と動かしてしまうことに謝罪をし、作品という新しい環境の中で周りのものや場所と仲良くしてくださいと頼むという。エネルギーを持つものには命が宿る。そう考えているからだ。こうして作品となった石たちは、じりじりと蠢《うごめ》くようなオーラを発しながら、鑑賞者を圧倒する。

李さんに会った数ヶ月後、私はデンマークを旅した。いつも車で北欧

ユイキヨミ

東京出身、アムステルダム在住。ライター、フォトグラファー。ミュージシャンの夫と共に、個人事務所studio frogを運営。趣味は映画鑑賞、ダーニング、旅行とキャンプ。特にキャンピングカー旅行は、趣味を越えて生きがいの域。広くて狭いヨーロッパを駆け巡って、多彩な文化や自然を肌で感じる旅にハマっている。
www.studiofrog.nl

化石もいっぱい詰まった、デンマーク北部の断崖。

を目指す時に通り過ぎるだけだったので、一度はゆっくり探索してみようと、当てもなく小さな島や海岸沿いを走り回った。デンマークの海岸は、スカンジナビアから氷河によって運ばれてきたという色も形状もサイズも様々な美しい石で埋め尽くされていた。外海の砂浜では、波で磨かれて丸みを帯びた小石になっていたが、内海側にはサイズの大きな「迷子石」と呼ばれるものもゴロゴロ。ぐにゃりとうねった地層をさらす崖肌には、今まさに数千万年の地中生活に終止符を打ち、光ある世界へと露出してきた石たちがポツポツと顔をのぞかせていた。なんだか目が合うような気がして、思わず「こんにちは」と言葉が出る。

約６５００万年前、巨大な隕石が地球に衝突した時に舞い上がった土砂と隕石の塵が形成した地層がはっきりと見える白亜の断崖は、世界遺産になっていた。

地質学の知識は全くないのに、なぜかいつも石のあるところに行きたくなるのは、刻まれた縞模様やら、

デンマーク最北端の砂浜にて。

光る破片をしっかり閉じ込めた姿やらが「その時、地球で何が起きたのか?」というロマン溢れる大きな問いを呼び起こしてくれるからだ。だが地層の中に記録された隕石衝突の歴史を目の前にした今回は、その問いは更にスケールを増す。

「その時、宇宙で何が起きたのか?」

しっかりと耳を澄ませば、あたり一面の石たちの、果てしない宇宙の思い出話の中から答えが聞こえてくるようだった……な〜んて、そんなはずはない。それでも、こんな風に「無限」とか「宇宙」とかいったものに素直に心がひらけていったのはいつぶりのことだっけ?と嬉しくなった。パリで聞いた李さんの話がどれほど深く印象に残ったかを、再確認した瞬間である。

もっとおいしい紅茶を飲みたい人へ

WHAT A WONDERFUL TEA WORLD!

文・写真　田中 哲

紅茶に合わせて楽しみたい！本に隠されたジャズの6曲

音楽を聴くのが趣味であれば、お気に入りのミュージシャンの歌や演奏の一部を口ずさんだりする。同じような感じで、私の場合ジャズが好きなので、楽器（アルト、テナー、ソプラノの3本のサックス）を取り出しては、いいと思ったスタンダード曲を好きなジャズマンの演奏をまねたつもりになって、吹いてみるという遊びのようなことを繰り返している。自らの演奏レベルはさておき、実に楽しい。あるFMラジオ番組に紅茶本の出版がご縁で出演させていただいた際その話をすると、『自分が楽しいことがそもそも音楽の起源で大切なことなんですね……』というようなことを、大の紅茶好きのバイオリニスト、葉加瀬太郎さんも仰ってくださり、内心うれしかった。

また折りにつけ自分の好みと結びつける傾向があるのはよくある話。2023年3月発刊の紅茶本のタイトル決定に際して、主婦の友社や

WHAT A WONDERFUL WORLD
WHAT A WONDERFUL TEA WORLD!

近年ようやく手に入れた念願のソプラノサックスは1970年製造（仏セルマー社・マークⅥ）で音色が素晴らしく、よく鳴ってくれる。ケニー・Gが使うのと同じビンテージモデルかも？などと考え、有名曲を自己流に楽しんでいる。

Tea for Two 発見!

田中 哲
たなか・さとし

東京大学農学部農芸化学科を卒業後、三井農林株式会社に入社。研究開発、原料購買、海外産地訪問交渉、飲料事業など幅広い業務に携わり、2012年執行役員就任、2022年より日本紅茶協会名誉顧問に就任。著書は『紅茶列車で行こう!』『もっとおいしい紅茶を飲みたい人へ　WHAT A WONDERFUL TEA WORLD!』。

「Tea Time」編集部の方々と打ち合わせたのだが、持ち寄ったいくつかの案の中から、案外あっさりと『もっとおいしい紅茶を飲みたい人へ　WHAT A WONDERFUL TEA WORLD!』に決まった。もちろんルイ・アームストロングによる名曲「この素晴らしい世界　What a Wonderful World」になぞらえての自分好みのタイトルだ。ちなみに私が書いた1冊目の本のタイトルを、デューク・エリントンの「A列車で行こう」の曲名をひねった『紅茶列車で行こう! Take the Tea Train!』としていたのが伏線になった。

ここからが今回の本題なのだが、実は『もっとおいしい紅茶を飲みたい人へ　WHAT A WONDERFUL TEA WORLD!』の各章に6つのスタンダードナンバーが暗示されている。出版元である主婦の友社の編集者の東明《しのあき》さんは、長年のジャズファンで、彼のちょっとした遊び心の洒落たアイデアが隠されているのだ。読者の方がこれに気付いてくれたなら、ヤッター!と喜ぶに違いない。本に刷り込まれたこれら6曲のタイトル探しをしてみて、見つけたらジャズと紅茶のペアリングという新たな世界が開けてくるかも……

1 今の気分にぴったりの　紅茶の選び方　Tea for Two

ご存じタイトルにTeaが入った有名曲。かなり遡るが1950年公開のミュージカル映画『二人でお茶を』で主演のドリス・デイが歌っている。歌詞を読んでみると、恋する二人が、ほんわかとした幸せに浸っている空気を感じさせる一見なんということもない曲。だがこれまで数多くの世界的なジャズの歌手

NYの人気店サラベスのパンケーキ。

やプレイヤーが名演奏を残している。

二人のためだけのお茶、そしてわたしだけのためのあなた、朝になり目が覚めるあなたのためにシュガーケーキを焼き始める、なんていうシーンから思い浮かべる紅茶が、セイロン紅茶ならなおおいしいことだろう。巡り合ったらいい二つのものが、ドッキングし感動をもたらすのが、Tea for Twoの世界。こんなペアリングの世界が広がってゆくのは楽しいことだ。

この際第2章以降もタネ明かしすると、以下の有名ナンバーが登場している。

2 紅茶の基本　All of Tea（有名曲 All of Me）
3 おいしい紅茶のいれ方　Isn't Tea Lovely?（スティービー・ワンダーのIsn't She Lovely?）
4 もっと知りたい！　紅茶の楽しみ　Now's the Tea Time（チャーリー・パーカーのNow's the Time）
5 茶葉について　Tea Leaves（枯葉　Autumn Leaves）
6 紅茶を巡る旅　Take the 'T' Train（A列車で行こう　Take the A Train）

数あるジャズの名曲の中から、各章のコンテンツの楽しみを予感させるように選び抜かれたナンバーだ。あらためて並べてみるとバラエティーに富んでい

ボストンティーパーティー博物館（右）と復元されたビーバー号（左の船）。

てワクワクしてくる。

アメリカといえば、お茶が関わる世界史上の事件として1773年のボストンティーパーティー（ボストン茶会事件）が大変有名だ。18世紀、イギリス本国が植民地のアメリカへ輸送した紅茶に関税を課したため、ボストン市民たちの怒りを買い、彼らが夜中のボストン港で茶箱を海に投げ込んだ大事件。これがなんと、アメリカの独立戦争に繋がった。その後アメリカ国民はイギリス支配の象徴である憎きお茶をやめ、コーヒーを飲むことになった、とまことしやかに伝えられてきた。アイスティー発祥の地であり、オリジナルの人気紅茶ブランドもあれば、スターバックスには魅力の紅茶メニューが並ぶ。実はアメリカ人は紅茶も大好きである。

紅茶が飲まれるところには、アメリカの音楽が流れていることだろう。紅茶とフードのペアリングに、さらに合う音楽まで加えて楽しめばもっとワンダフルなティーワールドが見えてくる。

NYのジャズクラブ・ブルーノート前でスティービー・ワンダー兄（?）と遭遇！"Isn't He Lovely?"（2014年5月3日）

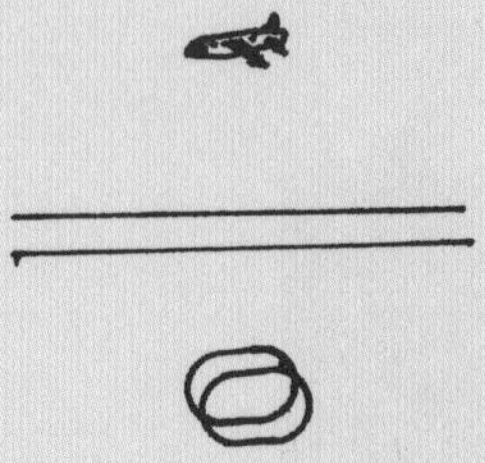

地上にふたつの場所

文・イラスト　三品輝起

東京国立博物館の古い広間で内藤礼の展示「生まれておいで 生きておいで」をながめていると、二〇〇一年九月一一日の気だるい午後のことを思い出した。ワールドトレードセンターに旅客機がつっこんだとき、大学四年生だった私はベッドに寝転がって本を読んでいた。ミュートしたソニーのテレビデオのなかで、超高層ビルから煙がでている。しばらくすると飛行機がまっすぐ吸いこまれる粒子の荒い画面が流れ、さらにちょっとして、となりのビルのなかにべつの飛行機がすーっと消えていく映像が加わった。コンポのCDを止めて、テレビのミュートを解除する。吸いこまれるジャンボジェット、もくもくと煙を吐くビル、スタジオで興奮ぎみにまくしたてるアナウンサー、さっきとちがうジャンボジェット、突入の瞬間のアップ、どっちがどっちだかわからなくなったふたつのタワー、白や黒に色を変え左右にたなびく硝煙、そしてまた最初のジャンボジェット……このくりかえし。すべてが重力に屈し、崩落するあの瞬間はまだおとずれていない。

　私は何周めかのループで気持ち悪くなってきてベランダにでる。吉祥寺の空は青くきれいなままだった。するととなりの部屋のベランダにキド・Mという年上の女性がでてきて私とならび、すぐにこっちをむいた。上京してからずっと住んでいたマンションの隣室のポストには「KIDO・M」とだけ書いた札があり、いま思えば完全に名前だけなのだが、見ようによってはどことなく「世界ふしぎ発見！」にでていた画家の城戸真亜子に似ていなくもなかった。というか、東京には芸能人がごろごろ住んでいる、という田舎者特有の強烈な思いこみのせいで、隣人が城戸真亜子なのかもしれない可能性を捨て去ることができなかった。風呂上がりなのか、キド・Mは濡れ髪にタオルを巻いていた。彼女は「テレビ見た？」というと煙草に火をつける。ええやばいっすね、やばいよね、どうなるんすかね、わかんない、とかなんとか小声のぎこちない会話をつづけ、最後に「私あのビル行ったことあるんだけど」とつぶやいた。夢みたいだよ、いま。夢？

たしかにあの日、私たちがテレビのなかで見ていたものは現実ではないなにかであった。のちのちあらゆるひとの口から「映画のような」という感想がもれたけれど、ありえないような惨劇が、個々人の携帯電話、監視カメラ、ホームビデオ、テレビカメラなどの映像でつぎはぎされた、まさにポスト映画的な世界の扉がひらいていった。そして海をへだてた東京での日常は、日に日に薄ぼんやりとした膜に覆われた、と同時に、遠い国で悪夢のような報復がはじまる。

アメリカの同時多発テロからアフガニスタン戦争へといたるどこかのタイミングで、私は直島におもむいた。旅行の直前に、老音楽家のシュトックハウゼンがあのテロを「ルシファーによる大いなる芸術作品」と呼び、その発言が文脈から切りとられてリークされた。予定されていた公演はすべて中止となるもよう、と報じた雑誌記事を読んだ記憶があるので、島へ渡ったのは一〇月以降

だったか。到着した翌日、ただなんとなく予約して行った一棟の暗い小屋のなかで、内藤の「このことを」というインスタレーションを観た。部屋の暗闇に目が慣れるまで時間がかかった。私は砂地に立つ細い棒、ときおり光を反射する幽《かそ》け糸などをゆっくりと発見していく。たったひとりで深い静けさのなかに身を沈め、気がつくと無言のまま煙をあげつづけていたツインタワーのことがあたまからはなれなくなっていた。やがてミクロな世界はスケールを反転し、木や金属でできた棒はビルへ、天井から吊りさがった糸は旅客機へと像を重ねていった。意識はときどき極小な物へと舞いもどろうとするのだが、またしばらくすると落下した重たい石がどぼんと水紋をえがくように、海のむこうの苛烈な現実へイメージが拡大する……そんなふたつの世界の往復を幾度かくりかえしているうちに、目頭が熱くなった。

「地上に存在することは、それ自体、祝福であるのか」。この内藤の一貫した制作テーマのなかにある「祝福」、あるいは彼女の重要な作品に冠された「恩《おん》寵《ちょう》」という言葉から引きだされる、ありとあらゆる意味が、いまも終わりのないさざ波のように問いかけてくる。そして秋風そよぐ平和な島の暗がりのなかで、あたまのなかを狂ったようにループするテレビニュースの光――航空機が高層ビルにつっこみ、煙をあげ、崩落する、そのくりかえし――に照らされた問いは、月日をへて、さらにもっともっと複雑な陰影をともない、東京国立博物館の高い天井を舞っていた。世界ではあれからいろんな殺戮や天災があった。

　私の生きる雑貨界はどうなったんだろう。この場所から世の混迷をかいま見ることは非常にむずかしい。なぜかわからないけどアーティストのみならず工

芸家やデザイナーにいたるまで、物を天蚕糸《てぐす》で吊った内藤風のインスタレーションがやたらに増えた印象がある。私も天井からいろんな物を意味ありげに吊った。もちろんそこに祈りにもちかい内藤の思いは感じられない。かつて『内藤礼〈母型〉』（左右社）のなかで彼女が語った「自分が地上にいるということを知りたい」という切なる願い、あるいは東博のチラシに書かれていた「生の内と外にゆきわたる何か」――つまりわれわれの生き死にを、いやもっといえば石も木も鳥も天球をもつらぬき、包摂する存在の意味を、もう多くのひとはちらりとも考えていないように見える。少なくとも雑貨の世界からのぞくかぎりは。幼いとき、私だってそういう根源的な疑念をしっかりと抱きかかえていた気がするけれど、信心なき大人となって、いざあたまのなかに思いえがこうとすると、あやしい宗教だの陰謀論だのスピだのという、おのれの心にこだまする小さな声に阻害されて道を見失ってしまう。そしてなにより、飛行機がビルのなかへ静かに吸いこまれていったあの日からつづく、さまざまな人類の殺戮を問う、社会の大きな声にかき消されるようになった。存在の意味なんかより、急を要するだいじな問題が目のまえにあるでしょう、と。でもほんとうは、内藤の問いこそが一番大切なことだったかもしれないのに。

さっきから私は広間のなかに点在する作品のあいだをぬうように歩いている。こうやって現代美術という名のもとに許され、文化的にお膳立てされた、細いほそい通路をとおしてとどけられる恩寵の光を、一瞬でも受けとめてみたいと願いながら、何度となく行き来する。

三品輝起
みしな・てるおき

1979年、京都府に生まれ、愛媛県で育つ。2005年より西荻窪にて雑貨店「FALL」を経営。最新刊は『波打ちぎわの物を探しに』（晶文社）。

『イギリスはおいしい2』

文・写真　林　望

アーンリックの裏路地にて

「……wick」という語尾のつく地名は、たいていその「w」が無音で、「……リック」と読む。「Barwick」という地名をつい「バーウィック」と発音したら、パブのおかみさんに「それは違う」と教えられた。Barwickは「バリック」、Alnwickは「アーンリック」だというのである。ちなみに、「wick」という地名語尾は、「――家の酪農場」という意味だそうだ（E. Harrington著『The Meaning of English Place Names』による）。

そのアーンリックは城のある古風な町だった。町並みの多くは、十八世紀のいわゆるジョージアンの建築らしく見えた。城の裏手の路地をぼつぼつ歩いていたら、二階の壁に出っ張らせて棚を作り、そこにクーラーの室外機を設置してある家に遭遇した。珍しいので写真に撮っておいた。イギリスはなにしろ冷涼な国で、夏でも二十八度くらいまでしか温度が上がらない。けれども冬を旨とした家造りで、窓は小さく、風通しは事実上皆無だ。だから、二十八度でも十分に暑く感じるのである。とりわけ、近年は、温暖化の悪しき影響が、この涼しい国イギリスにまで及び、大都市ではクーラーを入れた建物も多くなった。しかし、もとより涼しい北部の田舎ではクーラーなんか皆無なのかと思っていたら、こんなところに後付けの室外機を発見して、私は「おっ！」と思った。のっぴきならず温暖化が影を落としている。

林　望

はやし・のぞむ

作家・国文学者。慶応義塾大学大学院博士課程満期退学。日本エッセイスト・クラブ賞を受賞した『イギリスはおいしい』以下の３部作でイギリスブームを牽引した。『ケンブリッジ大学所蔵和漢古書総合目録』で国際交流奨励賞。古典論、エッセイ等、著書多数。『謹訳源氏物語』（全10巻）で毎日出版文化賞特別賞。『英国田園譜』『林望のイギリス観察辞典』（講談社エッセイ賞受賞）などイギリス関係の著作多数。旅をテーマとする歌曲の作詩でも知られ、『秋宵偶感』『ソネット《七月頌》』（ともに深見麻悠子作曲）、『旅のソネット』（全7曲、二宮玲子作曲）は、YouTubeで視聴できる。

この冷房室外機を見よ。ある景観の不調和。

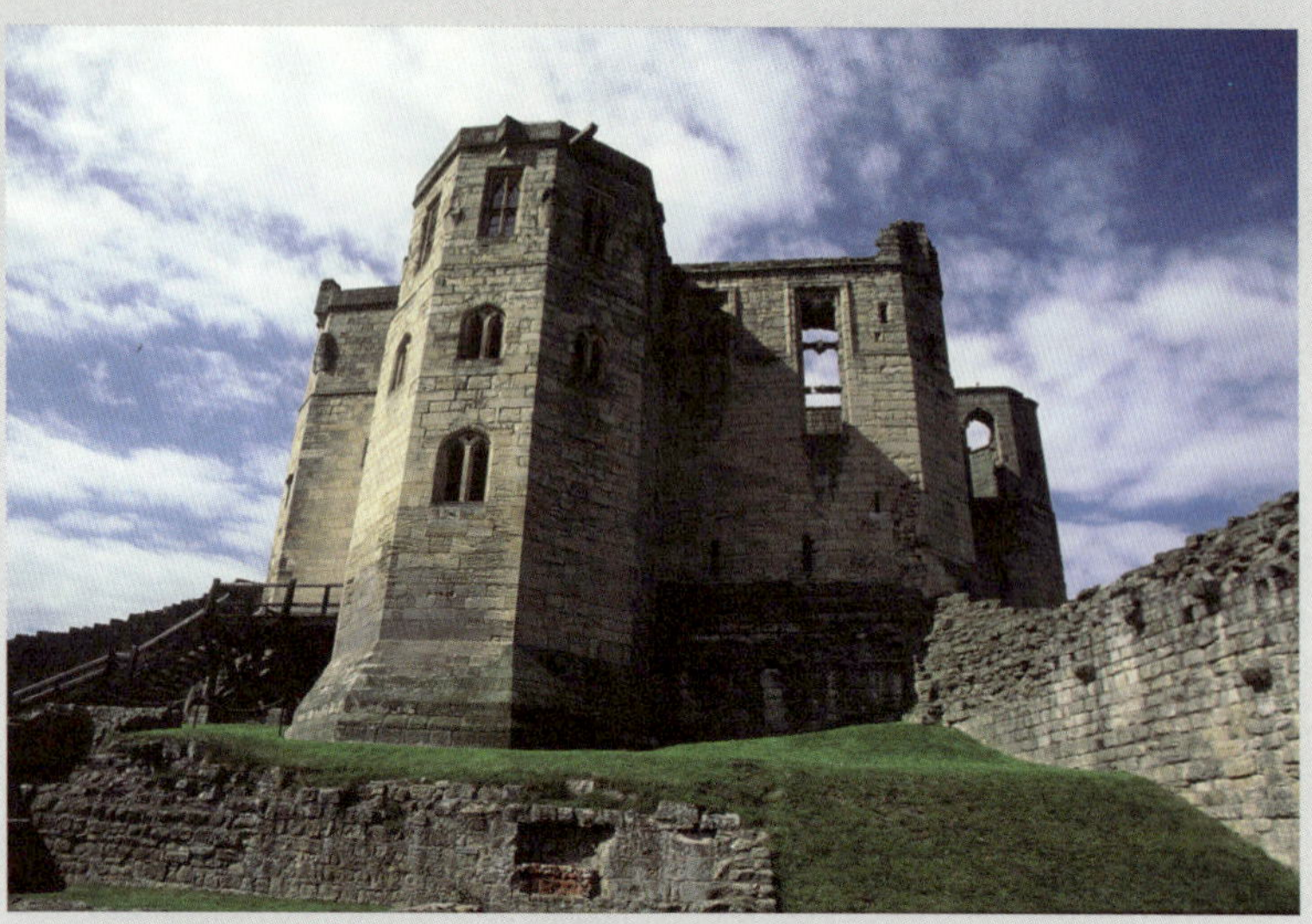

ワークワース城

西洋の騎士物語なぞを想像すると、ほらあの巨大な石造の城に敵が攻めてくると、がらがらと跳ね橋を巻き上げて進入路を遮断する、なんてのがあったじゃありませんか。ああいう「西洋のお城」の典型のひとつがここにある。そういえば、シェークスピアの『ヘンリー四世』にもこの城、出てきますね。敷地後方の本丸(The Keep)のほうは少しく後に造られたものらしいが、それも十六世紀には破壊されて朽ちるにまかされたものと見える。

ワークワース城からの眺め

ワークワース城の本丸に昇って、そのゴシック風の窓からワークワースの町を望見する。十五世紀以前。この城がまだ活気に溢れていたころ、甲冑を帯びた騎士や、長い法衣をまとった僧侶や、きらびやかなローブに身を包んだ貴婦人たちが、この場所を往来し、この場所に会食し、ここからあの町を眺めたのであろう。こうして、歴史を、いたるところで「体験」できるというのが、イギリスという国の楽しさでもある。

Tea Time 17
2024年11月1日　初版第１刷発行

発行者　伊藤葉子
発行所　ティータイム
〒107-0062
東京都港区南青山 6-3-14 サントロペ南青山 302
HP　https://www.teatimemagazine.jp
Email　info@teatimemagazine.jp

ISBN 978-4-910059-11-2

印刷・製本　株式会社 シナノ パブリッシング プレス

編集長	伊藤葉子
編集	田口みきこ　戸田枝理香　濱口ゆり子 佐々木智子　高瀬美沙子
デザイナー	佐々木信、石田愛実（3KG）
イラスト	石田愛実、池畑龍之介（3KG）
撮影	佐々木信（3KG） 石野明子（STUDIO FORT） Aveendra Lakshan
協力	白石佳菜江　Sri Lanka Tea Board 田中哲

参考文献
荒木安正著『紅茶の世界』柴田書店／大森正司・阿南豊正・伊勢村護・加藤みゆき・滝口明子・中村羊一郎編『茶の事典』朝倉書店／ティーピッグズ、ルイス・チードル、ニック・キルビー著　伊藤はるみ訳『世界の茶文化図鑑』原書房